AF596926

WALTHER RATHENAU

LE KAISER

QUELQUES MÉDITATIONS

AVANT-PROPOS DE FELIX BERTAUX

« LES DOCUMENTAIRES »
ÉDITIONS KRA
20, Rue Henri-Regnault, 20
PARIS - XIVe

TRADUIT PAR

DAVID ROGET

AVANT-PROPOS

L'idée de l'Empire allemand et la figure de l'Empereur se sont confondues dans l'imagination populaire française. Ceci est devenu le symbole de cela. Vue qui n'est point si fausse. Guillaume II que Conradi saluait en 1889 comme le représentant de la nouvelle génération allemande a donné d'elle une image assez fidèle. A y regarder de près on découvrirait l'accord profond entre le monarque et ses sujets: ils étaient emportés par un même courant; ils obéissaient aux mêmes impulsions. Aspirations d'un germanisme encore plein des rêves sur le Moyen-Age, conjugées avec le réalisme d'une Prusse lucide et bornée, tel fut le drame — conflit national, il ne faut pas l'oublier, conflit intérieur avant d'être conflit avec l'univers. Nous ne croyons pas qu'il soit trop tôt pour aborder l'étude du cas allemand sous cet aspect. En écartant la légende, en faisant oeuvre d'histoire, en donnant aussi la parole à des Allemands. A ceux-là précisément en qui est éveillé l'esprit critique et dont le jugement porte. L'intérêt de la présente traduction tient moins à ce que «Der Kaiser» a dépassé la cinquantième édition, qu'à ce que l'énigme qui continue de se poser et de s'imposer à nous commence à s'y déchiffrer. Ni ragots, ni reportage. Le problème allemand, qui est sérieux, y est posé sérieusement et d'abord sous sa forme la plus saisissable. Les traits d'un peuple et ceux d'une époque s'y découvrent sous ceux d'un homme. Il ne fallait pour les rassem-

bler rien moins que la tête la plus vigoureuse peut-être de l'Allemagne actuelle. Israélite, Berlinois, fils du fondateur de l'A.E.G., lui-même un temps directeur de la Société Générale d'Electricité, Rathenau n'a cessé d'être mêlé aux plus hardies des entreprises industrielles et financières de l'Allemagne. Appelé au ministère, il y fonda pendant les huit premiers mois de la guerre, cet office d'approvisionnement en matières premières qui sauva son pays d'une détresse immédiate. On lui en fait gloire. Lui-même se flatte de deux choses: avoir fait là une expérience dont ce ne sera pas assez de tout ce siècle pour comprendre la portée, et avoir introduit dans la pensée allemande un ferment de réaction contre la «mécanisation».

C'est assez pour expliquer qu'il soit l'homme le plus admiré et le plus dénigré de ses compatriotes. Il va dans le même sens qu'eux et il les précède. Du tournant qu'il a franchi le premier, il anticipe l'avenir.

Car, c'est par là qu'il nous intéresse, il n'est pas seulement organisateur mais poète. L'organisation qu'il entrevoit n'a pas seulement trait à la matière, mais à l'esprit. Homme de la pratique, il en est fier. Mais aussi homme de la pensée, et cela lui donne une autre fierté. Il entend qu'action et spéculation ne se dissocient pas, qu'au contraire elles se réengendrent l'une l'autre par un rythme alterné. Et si sa critique de la vie contemporaine porte, si elle met impitoyablement à nu les faiblesses allemandes surtout, c'est qu'il a reconnu avec lucidité l'ensemble des forces matérielles et morales en jeu autour de lui. Non que tout de ses représentations soit parfaitement clair et rigoureusement ordonné. Il a en même temps que la précision du manieur d'affaires l'imagination du voyant et l'ardeur du prophète: quelque chose de biblique et de révolutionnaire, de confiant et de tourmenté, les abandons du rêve et des éruptions de sèche violence. C'est à travers une demi-douzaine de brochures (I) qui depuis deux ans se sont ajoutées aux cinq volumes de ses oeuvres complètes qu'il faut aller chercher une pensée toujours se répétant, toujours se renouvelant, doublement orientée comme dans les oeuvres capitales d'avant-guerre: vers la négation, la «Critique de ce temps» et vers l'affirmation, l'évocation des «Choses qui viennent» et du «Royaume de l'âme». Destruction, reconstruction, choses qui dans son esprit ne se séparent pas, ne se succèdent pas. Il faut pourtant que nous examinions d'abord de quelles valeurs périmées il débarrasse l'idéologie allemande.

Rompre nettement avec la tradition prussienne, voilà peut-être sa plus impérieuse réclamation: il ne voit de salut pour les Allemands que lorsqu'ils auront repris leur évo-

(I) De 1917 à 1920 Rathenau a publié chez S. Fischer: Die neue Wirtschaft. An Deutschlands Jugend. Der Kaiser. Zeitliches. Kritik der dreifachen Revolution. Der neue Staat. Die neue Gesellschaft. Was wird werden? Autonome Wirtschaft. Demokratische Entwicklung.

lution au point où ils cessèrent «d'être Allemands pour devenir Berlinois». Ce n'est pas l'impérialisme de la Prusse, ni son militarisme qu'il met en cause. Rathenau n'a pas la tête politique. Il croit moins à l'influence des chancelleries qu'à celle des phénomènes économiques et sociaux d'une part, et d'autre part à l'action d'une idéologie qui réglerait ces phénomènes. Aussi, sans disculper l'Allemagne, ne lui attribue-t-il qu'une responsabilité restreinte dans la guerre. Dès 1911, dans «Staat und Judentum» il avait évoqué les ombres qui montaient à l'horizon, dénoncé ce qu'il constatait en traversant les rues de Berlin le soir: l'insolente folie d'un peuple parvenu, le vide des formules de la force, l'inanité de la prétention d'un soi disant germanisme pur à s'imposer à la terre. Il proclamait la nécessité de défaire ce monde d'injustice, de faire taire la défiance universelle. Mais la guerre éclate, il la considère comme la révolution qui tient à des causes mondiales, qui vient inévitablement quand le système économique et le système social ne répondent plus aux besoins présents, qui sont de l'humanité entière. Le malheur est qu'ils soient éprouvés comme des besoins nationaux, alors que nulle nation n'est plus assez grande pour avoir son industrie, son commerce, ses finances, son organisation du travail à elle et qu'en tout elle dépend de tous. Et l'image vient au secours de l'idée encore confuse: des forces qui ne sont pas d'ordre national ont fait éclater le cadre des nations aux endroits de moindre résistance. Reconnaître la nature de ces forces, dépouiller le nationalisme qui les orientait à faux, et en leur gardant un caractère anarchique les faisait s'entredétruire alors qu'elles devaient concourir — c'est une premiére leçon à tirer de la guerre. Rathenau ne croit pas que les vainqueurs aient fait ce pas vers la connaissance. La paix de Versailles leur a donné l'illusion que perdurait un ordre en réalité aboli. Ce sera leur faiblesse de l'entretenir artificiellement, tandis que l'Allemagne, appre-

nant du malheur, obéissant à de plus pressantes nécessités, se renouvellera. Il n'y a plus de domination allemande au sens d'hier. Mais il reste à l'Allemagne, pense Rathenau, une mission, mission spirituelle, «geistige Sendung», qu'elle remplira sous conditions. Un examen de conscience est avant tout nécessaire au peuple allemand. Il faut qu'il se connaisse, qu'il reconnaisse les erreurs dans lesquelles il était engagé. Il lui manque ce qu'il se flattait de posséder: un pouvoir d'orientation. D'autres peuples ont ce qu'il faut pour créer une civilisation, pour introduire une norme, pour l'imposer: ils sont formés. L'Allemand demeure amorphe, incapable de se donner sa forme à lui, de figurer quoi que ce soit. On lit dans «Die neue Gesellschaft»: «Que dans aucun des do-«maines de l'existence, qu'il s'agisse d'oeuvre «d'art ou de formations militaires, de consti-«tution de l'Etat ou d'une société par actions, «du sanctuaire ou de la table, nous n'ayons «pas inventé une seule forme nouvelle, substan-

«tielle et durable, ce n'est point pur hasard». C'est nature. Les qualités allemandes sont ailleurs. Vues sous le plus beau jour elles consistent à comprendre tout ce qui est, à ne rien exclure de ce qui pourrait être, à accueillir l'univers, à se l'intégrer — ou, si l'on voit en noir — à s'intégrer à lui, à se laisser intégrer par lui.

Dans cette acceptation d'un être passif que modèle l'accident, gît la faiblesse de l'Allemagne. Durant le dernier demi-siècle elle a épousé une figure qui n'était pas la sienne. Les traits qu'elle a pris sont ceux de la Prusse. Il n'en pouvait être autrement. D'une part une matière riche mais molle. De l'autre un moule vide mais rigide: la substance allemande s'y est coulée. Elle a cru y tenir toute entière et y devenir définitivement cohérente. Or ce n'est pas une personne qui se formait: l'Allemagne ne se déterminait pas elle-même, elle se laissait déterminer; elle ne prenait pas ses propres responsabilités: elle s'en remettait à une autorité extérieure à elle, elle entrait dans le jeu d'un mécanisme puissant, mais aveugle. En deux siècles la Prusse «étrangère à l'Allemagne», agrandie par la colonisation, s'est donné une organisation bureaucratique, féodale et militaire. Elle l'a introduite dans un pays auquel il manquait d'être une nation, d'avoir un caractère, une volonté. Elément d'organisation, de «mécanisation», elle a tourné tous les désirs vers la satisfaction matérielle; l'intérêt s'est appelé idéal; l'abandon de soi, discipline. «Au lieu d'une «Allemagne intellectuelle on vit une association de profiteurs brutale, stupide, avide «de pouvoir, se faire passer pour l'Allemagne «dont elle était le contraire. N'ayant à se «réclamer ni d'une réalisation, ni d'une «idée . . . ne connaissant que rancune, pa«thos et subordination, c'est de cela que sous «le nom de Kultur elle prétendait faire le «bonheur de la terre». Le Reich n'était qu'une entreprise montée sur deux ressorts: la subordination, l'intérêt. Possédant la force, une force limitée à la mécanique et à l'argent, il la prétendait liée à l'idéalisme ancien: « Wagner établit la transition de « l'Allemagne passée à l'Allemagne nouvelle; « les cuirassés et les canons géants parurent « conséquences naturelles de Kant et de Hegel « et le mot Kultur, dont il faudrait qu'une « loi défendît l'usage pendant trente ans, ser- « vit à masquer la confusion des concepts ». (Die neue Gesellschaft.)

Ce n'est point que Rathenau dénie toute grandeur à la Prusse. Son effort se justifia un temps et ce fut un coup de génie de pressentir dès 1913 le rôle que jouerait dans le monde moderne le facteur organisation. Avoir des machines, de l'argent, être savant précis, et tendre les ressorts en vue d'une conquête du réel, c'était un gage de succès. Napoléon sut s'en emparer. Lui aussi il fit du monde une machine — « mais », remarque Rathenau, « il était l'héritier des Français qui délivrèrent les peuples et les esprits ». Tandis qu'après lui Bismarck et les partisans de la Realpolitik ne songèrent qu'à contraindre peuple et esprit. Leur machine jouait sans résistance apparente. Vu de l'Allemagne le monde était désordre, négligence, laisser-aller. Ici on s'épuisait en vaines luttes parlementaires, là on manquait de canons, d'hommes, de chemins de fer, de crédit, partout les trains arrivaient en retard, partout éclataient des scandales: il n'y avait que la Prusse-Allemagne où tout fût en ordre. Par une merveilleuse conjoncture, à l'heure où la technique humaine se renouvelait et où la production dépendait de l'art d'enrégimenter les masses prolétariennes, la Prusse portait à son plus haut point de perfection cette technique et cet art.

Mais elle n'avait ni secret, ni monopole. D'autres peuples l'imitant, la rejoignant dans son avance, la battant, il ne lui restait rien en propre. D'où pour elle l'étendue de la catastrophe. D'où pour l'Allemagne le sens profond de la guerre: l'organisation purement extérieure qu'elle a connue, la con-

ception mécaniste qu'elle avait faite sienne, tout cela a vécu. Une forme de vie s'est dérobée à elle, sans retour.

La révolution allemande n'est que le signe de cet effondrement d'une chose du dehors. Elle n'est pas encore genèse, promesse d'une formation intérieure. La critique qu'en fait Rathenau n'est pas d'un réactionnaire regrettant l'ordre ancien, mais d'un théoricien d'avant-garde qui se désole de ne pas voir poindre l'esprit nouveau. En vain il le cherche sous les dehors révolutionnaires ; au lieu d'une volonté de prendre enfin des responsabilités, il ne découvre qu'un «mouvement de rancune». Il y avait en Allemagne des mécontents prêts à s'en prendre aux personnes ; il n'y avait pas de révolutionnaires. Les socialistes, soucieux uniquement d'intérêts matériels, doutant du parlementarisme, admirant le militarisme, ont avec les masses accepté la guerre profitable. Rathenau n'hésite pas à dire que 1914 résolvait en une force unanime tout ce qui *était épars dans l'atmosphère allemande. Si la révolution est arrivée c'est «par mégarde». Une chaîne tombait d'elle-même, rouillée, et non brisée par une volonté. Nul mouvement du coeur que le dégoût. Ni théorie, ni aspiration révolutionnaire. Toujours l'ancienne admiration pour l'autorité qui ne faisait que changer de nom et passer du militaire au civil, de la caste d'en haut à la caste d'en bas. Et du pouvoir qui lui est échu, la Socialdemokratie, candidate aux jouissances bourgeoises, ne sait que faire, l'objet de la jouissance étant ôté. Il n'est que les partis extrêmes qui soient animés d'un levain d'idéalisme — mais auront-ils un autre idéal que celui de Marx qui leur revient par le détour de la Russie? «Un an encore de cette misère», écrit Rathenau, en juin 1919, «qu'un contre-révolutionnaire résolu apparaisse, et un peuple sans virilité lui obéira«.*

Qu'importe après tout cet accident possible au prophète de «la prochaine guerre mon-

diale, qui approche malgré la police des nations». Ce ne sont pas les Allemands qui la déclancheront, pense-t-il, et il n'annonce pas quelle forme elle prendra. Mais il voit venir comme une fatalité des bouleversements nouveaux. La mécanisation contre laquelle il s'élève avait été portée en Allemagne à l'extrême. C'est pourquoi l'Allemagne la première s'est brisée. Mais il est d'autres victimes désignées. Les peuples qui voulaient incarner l'esprit en lutte contre la matière, succombent à leur tour à son emprise. Pour vaincre la Prusse ils se sont prussianisés. L'esprit étouffe sous la lourde machine qu'ils ont montée. L'individu qui se croyait une fin, est devenu chez eux aussi un moyen. Des institutions caduques ont chez les peuples de l'Entente repris apparence de vie. La hiérarchie ancienne réaffermie sous la pression des circonstances passagères se survit. Et la place y manque pour les valeurs nouvelles que rien pourtant ne sert de nier, dont rien n'arrêtera le flot montant. Seuls ceux qui les comprendront vivront. Ceux qui les premiers s'empareront d'elles orienteront le monde.

Comment Rathenau conçoit-il cette orientation? «Utopiste — je ne crains pas ce nom», déclare-t-il. Il sait que c'est l'utopie qui a manqué à l'Allemagne impérialiste et marxiste, que c'est encore une utopie digne de ce nom qui manque au monde d'aujourd'hui. Qu'elle paraisse et, si elle est assez haute, peut-être accepterons-nous la «décadence de la liberté» dont nous sommes menacés, peut-être ferons-nous que ce ne soit qu'une transformation de cette liberté que nous avions conçue sous une forme trop simple.

Il ne s'agit point de présenter les idées de Rathenau comme absolument neuves ou nécessairement déterminantes pour la société à venir. Le sociologue allemand est inspiré de Marx; il a le sens prussien de l'autorité; à son origine israëlite il doit d'apporter un heureux ferment de dissociation dans un corps national et un corps social dont l'évolution s'est arrêtée; sa pratique des affaires lui fait concevoir l'organisation selon un schéma industriel; son mysticisme le rend favorable à la Russie, où il dit avoir vu s'accomplir celle de toutes les transformations historiques la plus capable de renouveler l'inspiration humaine. Mais par dessus tout il est Allemand, et si son action dépasse en portée les bornes d'une nation, elle est cependant concentrée sur un point: la rénovation de l'Allemagne à qui il faut rendre sa «mission spirituelle». Mission qui n'est pas ce que les Allemands abusés ont cru qu'elle était. Elle demeure obscure, conforme à la nature problématique du Germain. Mais il faut qu'une figure de l'Allemand se dessine, dégagée des surcharges accidentelles; il faut que s'affirme un idéal allemand qui réponde aux tendances profondes de la nation et convienne à l'état présent de sa civilisation.

Cet idéal, selon Rathenau, ne saurait être d'ordre politique. La France, l'Angleterre ont derrière elles des siècles de vie politique; leur tradition démocratique, leur éducation civique y rendent le parlementarisme moins nocif qu'il ne le serait pour l'Allemagne. Que les Allemands soient incapables de se donner des représentants et des dirigeants, qu'il leur faille borner l'horizon parlementaire à des intérêts locaux et immédiats, ce fait a été prouvé quand ils ont réclamé, à côté de la République allemande, des républiques locales ou corporatives, des conseils d'ouvriers.

En cela pourtant ils s'accordent aux nécessités nouvelles. L'Etat politique, tel que le concevaient Frédéric II, Louis XIV et Clémenceau, a fait son temps. La complexité de la vie économique rend désormais impossible aux politiciens purs la tâche de diriger la vie d'une nation. Cette vie dépend du facteur économique. Quoi qu'on en ait il passe au premier plan, et c'est de lui que doit tenir compte une organisation rationelle et efficace. En Allemagne — mais le pro-

blème ne se pose-t-il pas ailleurs avec les mêmes données? — il s'agit d'abord d'exister, de ne pas mourir de faim, de froid, de misère, et pour satisfaire aux exigences élémentaires, de renoncer. Pour un siècle et plus, dit Rathenau, (à nous de généraliser) l'Allemagne sera pauvre. Nul miracle ne réduira l'écart entre la production et la consommation: il y faut un effort prolongé. Que tout ce qui est luxe soit supprimé d'autorité. Et d'autorité également tout ce qui est gaspillage de l'effort, concurrence stérile, intermédiaires improductifs. Plus de jouisseurs, plus d'oisifs, plus d'artistes peut-être. Ici Rathenau hésite comme au bord de l'abîme; faudra-t-il un siècle de barbarie avant que l'on puisse à nouveau songer au geste désintéressé, à l'acte gratuit? Ou bien trouvera-t-on moyen d'utiliser, de socialiser le poète, l'artiste lui aussi?

Car c'est le but: que tout être soit en fonction de la collectivité, qu'en retour la collectivité permette à l'être son plein épanou-

issement. Il y faut un sacrifice des deux côtés. A chacun Rathenau demande d'accepter comme un fait inéluctable la socialisation totale. Il n'est point aisé de se représenter le fonctionnement de la machine telle qu'il entend la monter. Mais elle jouera durement. La dictature est inévitable sous forme d'organisation: qu'elle soit intelligente et fasse rendre à chaque homme, à chaque chose, le maximum. Nul ne se sentira libre par rapport à la communauté. Le travail sera obligatoire, comme le loisir. Plus de capital, plus de revenu qui ne dépende du travail, plus d'héritage. Toute liberté étant laissée à l'individu de posséder pour jouir de sa possession, toute liberté lui sera ôtée d'en faire un moyen de production. La production sera collective, et le plus fort lien mis entre les hommes sera celui de leur profession; dans l'engrenage corporatif, monté en vue de l'intérêt commun et jouant sans résistances individuelles, ils seront un rouage consentant. Ainsi se-

raient supprimées les classes sociales; un seul peuple, une seule communauté. Mais aussi une seule supériorité; celle de la Bildung, de la «formation» dont les moyens seraient donnés également à tous. La guerre a été un conflit de bourgeoisie à bourgeoisie. La paix, malgré le triomphe apparent des bourgeoisies occidentales, amène leur inévitable destruction.

Et la destruction de leurs institutions, de leurs constitutions, de leur Etat politique. Celui-ci survivra comme une sorte de tribunal, comme la plus haute instance à laquelle puissent s'adresser les corporations en cas de conflit. Mais il n'aura que voix consultative. Il répondra à une conception mécanique; la vie y refluera du centre à la périphérie; il faut que s'y substitue une conception organique, que la vie trouve partout à elle-même son centre, dans des parlements économiques, corporatifs, idéologiques, chacun de ceux-ci réglant une activité limitée et se composant d'individus qui discutent de leurs intérêts immédiats. Ainsi au lieu du statique on favorisera le dynamique; à la notion de l'être s'associera celle du devenir. Les forces profondes d'un peuple ne seront plus paralysées par la tradition, mais multipliées par l'organisation. Ce qui aura été perdu d'individualisme, se retrouvera dans l'association qui évolue. L'initiative de chacun, inefficace dans l'anarchie ou étouffée par la centralisation, aura libre jeu dans les groupements de moyenne mesure où les industriels discuteront de leur industrie, les savants de leur science, les artistes de leur art. Dans tous les domaines s'opérera une révolution — «la révolution continuelle», dit Rathenau, — qui sera effort de constante adaptation, mais aussi de constante rénovation.

Car — et c'est ici que Rathenau se distingue essentiellement des fervents du matérialisme historique et aussi des Allemands enclins par nature à accepter ce qui est comme ayant sa raison d'être — l'individu ne sera plus seulement déterminé par la collectivité, l'homme par les choses, l'esprit par la matière; il jouera à son tour un rôle déterminant. C'en doit être fait pour l'Allemagne de l'acte machinal auquel la condamnait Marx aussi bien que Bismarck. C'est l'esprit, c'est l'âme qu'il faut éveiller. La Prusse l'étouffait. L'Allemagne ne retrouvera cette mission spirituelle à laquelle elle continue de croire qu'en se libérant de Berlin, de Potsdam, de son prussianisme et de son faux socialisme. Que l'ère soit close de l'homme-machine; qu'il s'en ouvre une autre dont la dominante sera «équilibre du travail». Rathenau n'entend point par là que cesseraient de s'opposer travail de la main et travail de l'esprit. Mais il entend que cesse une distinction: celle du travailleur manuel et du travailleur intellectuel. Dans un peuple où il n'y aurait plus de classes, où la journée de travail serait réduite pour tous, où le loisir serait organisé, qui empêcherait le maçon de passer des après-midi au laboratoire où l'expérimentateur lui expliquerait son expérience, et le savant d'aller un matin à l'usine où il suivrait l'oeuvre des doigts ouvriers ? C'est Goethe prenant leçon de son relieur et admirant plus à mesure qu'il vieillissait la vie de l'artisan. L'échange resterait superficiel pourtant; il faut qu'il devienne intérieur, que le même homme soit ouvrier et penseur, que le cerveau et la main conjuguent leur activité. Pas de travail intellectuel sans le contrôle de la pratique, pas d'application sans le secours de la pensée. L'ouvrier américain — un type rare encore même aux Etats-Unis, et qu'il ne faudrait pas trop se hâter de donner en exemple — qui peut quitter l'atelier pour l'Université, faire alterner la théorie et l'expérience, les heures de cours et celles de travail, semble à Rathenau plein de promesses pour l'avenir; échappant à la spécialisation par l'activité de la pensée qui comprend, contrôle et améliore la machine, il devient ingénieur, il devient homme. Peut-être y a-t-il à tirer de là les principes d'une éducation qui combinerait des éléments jusqu'ici épars dans notre enseignement bourgeois et notre enseignement populaire: la théorie a été exposée dans le projet d'éducation syndicaliste qu'Albert Thierry publia autrefois dans la «Vie Ouvrière»; elle vaut qu'on y revienne.

*

L'intérêt de ces vues est qu'elles sont moins utopiques qu'il n'y paraît d'abord. Rathenau est moins un visionnaire qu'un clairvoyant se rendant compte un quart d'heure avant d'autres des nécessités qui déjà nous ont saisis à la gorge. Ceux qui chez nous se préoccupent d'une organisation du travail intellectuel ne sauraient demeurer indifférents à ses projets, à ses préoccupations. Elles ne sont pas si loin des nôtres. Le rôle français serait, s'engageant dans cette voie de l'organisation, d'y sauvegarder la liberté de l'individu, la liberté de l'esprit — ce n'est qu'à cette condition que l'organisation sera féconde — et la difficulté n'est pas insurmontable.

Félix Bertaux

LE KAISER

I.

Bien des années avant la guerre, je travaillais à une brochure qui s'appelait «la psychologie des souverains».

Elle n'est pas imprimée, elle n'est même pas terminée. A cette époque, qui désignait sous le nom de sentiment monarchique son besoin de sujétion et n'entendait pas par là la sèche conception du moindre mal, mais y trouvait au contraire une nécessité d'ordre moral,

— à cette époque il ne me fut pas possible de trouver la note juste. Car ce non-sens absolu que j'avais entrepris de décrire ne laissait pas, malgré mon souci de justice et d'impartialité, d'apparaître comme un sarcasme. Or, il ne m'était pas permis d'analyser un sentiment, erroné et abusif peut-être, mais humain, au scalpel d'une froide objectivité frisant, malgré moi, l'ironie.

A notre époque déséquilibrée qui, au déchaînement de la parole et de la plume, ne saurait assez noircir ce qu'elle adorait peu de semaines auparavant, nous nous trouvons en présence d'un danger contraire: exacerber les passions. Ce danger peut être écarté, si l'on ne perd pas de vue ceci: qu'assurément réalité n'est pas synonyme de raison; les peuples et les époques aussi ont de graves erreurs à se reprocher. Or, ces erreurs ne sont pas dues au hasard et à l'inadvertance, elles sont profondément organiques. On ne peut donc les éliminer à coups de décrets et de mesures mais on peut les effacer lentement: en les reconnaissant, en faisant retour sur soi-même. Les motifs de nos égarements d'antan sont recouverts, mais point étouffés; il faut les démasquer à la lumière de l'analyse, les disperser au souffle de la liberté.

II.

Quels étaient ceux qui se bousculaient au passage de chaque cortège royal en l'acclamant ? Beaucoup, apparemment, d'entre ceux qui arborent aujourd'hui le ruban rouge.

Quels étaient ceux qui jubilèrent le 1er Août 1914 ? Autant dire tous.

Quels étaient ceux qui pavoisaient deux fois par semaine, célébrèrent la perte du «Lusitania» par des beuveries, approuvèrent la guerre sous-marine, plaisantaient à chaque déclaration de guerre ? Il y avait parmi eux pas mal de bons socialistes.

Ce ne sont point là des reproches, mais des souvenirs. Ces souvenirs montrent à quel profondeur le régime monarchico-militariste plongeait ses racines dans la conscience des masses. Il y plonge encore aujourd'hui, mais il porte d'autres noms, emprunte des formes différentes. Car, le sentiment de la foi héréditaire en l'autorité et de la dépendance ne se perd pas du samedi au dimanche.

Bismarck ne croyait pas au sentiment national des Allemands; et certains moments de notre époque malheureuse lui donnèrent raison. Il croyait par contre au sentiment dynastique.

Qu'est-ce que ce sentiment ?

Considérons-le sous son jour le plus favorable — c'est là une sérieuse concession —; c'est donc le dévouement au maître héréditaire, dans lequel on voit l'enseigne extérieure de l'existence nationale, l'expression du caractère national.

Le souverain allemand est le plus allemand des hommes; chacun retrouve dans les traits du monarque sa propre image agrandie et la souveraine est la femme idéalisée.

Ce n'est pas l'idée romaine, ni anglaise: c'est nous qui avons placé cet homme si haut, de notre libre volonté, de toute notre énergie nationale, que nous honorons en lui l'expression de notre vouloir souverain. C'est un sentiment de confiance naïve: notre père céleste nous a donné un père temporel, qui est pour nous un modèle, et nous lu obéissons. Un jour, dans l'au-delà, au sein de sa sérénnissime béatitude, il sera encore notre maître.

Cette sensibilité était inconnue de nos ancêtres, des Germains; ils avaient des ducs et élisaient eux-mêmes leurs rois.

III.

Pourtant ce genre de sensibilité eut autrefois sa part de vérité: depuis les princes de la Réformation jusqu'aux princes du siècle philosophique.

Une population citadine clairsemée, une population rurale ignorante et bon enfant, étaient administrées paternellement, à la manière d'un bien-fonds. Les intérêts du propriétaire — c'est ainsi qu'il faut le nommer — et ceux de la valetaille à lui confiée, étaient à peu près parallèles; hormis les exceptions connues où le maître louchait du côté de Versailles, construisait des châteaux, faisait des dettes et devait vendre une partie de son patrimoine vivant.

Cette conception perdit tout son sens à l'avènement d'Etats administrés bureaucratiquement et de royaumes peuplés de millions d'hommes. Comment une volonté paternelle pourrait-elle agir sur ses sujets à travers les mille rouages de l'appareil administratif ? Comment l'enfant du pays reconnaîtrait-il, à des lieues de distance, derrière le mécanisme fonctionnariste, le père qui règle chacun de ses mouvements ?

Ici les routes bifurquèrent. Les nations politiquement développées marchèrent d'un pas décidé vers la république et la monarchie représentative; les Etats du centre et de l'Est se contentèrent des formes extérieures de la constitution comme vêtement de la dynastie militariste et féodale. Au cours de l'opposition évidente des intérêts et de la lutte entre le peuple et les souverains, la prépondérance patriarcale, avec l'expression pieuse de sa sensibilité, fut maintenue par la force.

Pour la classe dominante, qui devait son existence à la monarchie et considérait donc le monarque comme l'un des siens, au sens le plus étroit, et malheureusement avec raison; pour cette classe le sentiment dynastique conserva sa valeur réelle, mêlée, à vrai dire, d'intérêts. Pour les classes inférieures, ce sentiment imposé et inculqué par l'école, l'église et l'instruction militaire, représentait une convention que l'on se passait d'examiner et qui, au fond, etait un profond mensouge.

Cependant cela suffisait, d'un côté, pour environner complètement de nuages le monarque lui-même, en tant qu'il ne possédait pas une large compréhension en soi-même; de l'autre le couvert protecteur de l'usage et de la législation finit par rendre impénétrable la substance réelle du système dynastique. Là comme toujours et partout la haute bourgeoisie se comporta honteusement; corrompue à bon marché par ses relations et les faveurs dont elle jouissait, elle chercha son avantage en rampant au devant de la classe dominante et en glorifiant le régime existant. La trahison intellectuelle de la haute bourgeoisie, qui renia son origine et sa responsabilité; qui non seulement obstrua, mais empoisonna les sources de la démocratie, pour obtenir des places de lieutenants de réserve, pour faire partie de corps d'étudiants, pour parvenir à la dignité d'assesseur d'Etat, obtenir la particule, gagner un siège à la chambre des seigneurs ou se voir attribuer des charges de conseillers de commerce; qui, repue, corrompue et rampante fit, par son instrument, le parti national-libéral, pencher les destinées allemandes dans le sens de la réaction: cette trahison a ruiné l'Allemagne, a détruit la monarchie et nous a rendus méprisables aux yeux de tous les peuples. Ce fut un des traits tragiques du caractère du Kaiser de devoir aimer cette haute bourgeoisie, comme il devait aimer tout ce qui le menaçait de mort et persécuter tout ce qui pouvait le sauver.

IV.

Aujourd'hui nous voyons à nu la réalité dynastique; et le sentiment monarchique, sous les formes naïves de son obéissance, nous apparaît tel qu'il est: non pas une faiblesse aimable, mais une faiblesse maladive, dépourvue de dignité. Mais quels étaient les attributs «nationaux», les attributs «populaires» de la dynastie ?

Ils se ressemblaient, à s'y méprendre, dans tous les pays de l'Europe. Qui connaissait un souverain européen, les connaissait tous, y compris les grands seigneurs, qui les imitent.

Leur caractère était international. Ils formaient une grande famille européenne, une sorte de surpropriétaires. Ils étaient tous parents, n'estimant que leur espèce, n'ayant confiance qu'en elle — sauf rares exceptions — échangeant continuellement des lettres, des souhaits, des cadeaux, des distinctions, des visites.

Entre égaux on peut causer; on se comprend. On se montre ses biens (pays, villes et sujets), on les vante, on compare, on excuse. Des conversations franches, continuelles au sujet des dangers populaires: bouleversements, révolutions. Les peuples — on ne le dit pas — sont au fond des brutes dangereuses, qu'il faut traiter avec prudence, selon des recettes traditionnelles. Si l'on tombe entre les mains du peuple, de sujets ardemment aimés, et si le sortilège de la crainte et du respect s'est évanoui, on est perdu.

On peut échanger ou épouser territoires, pays et couronnes; par là on échange sa nationalité, son nom et sa foi. Mêler son sang à celui de son propre peuple est puni de la perte de ses titres, de ses droits.

C'est avec les ministres et les généraux qu'on peut le moins discuter. Beaucoup d'entre eux sont comiques, bizarres, peu appétissants, antipathiques aux femmes et aux enfants. Ils sont peuple, même si leurs noms sont nobles; ils ont des convictions étroites, débutent par de grands discours et font naufrage au bout de cinq ans. Ils sont serviles ou arrogants, parfois les deux; à peine les avait-on élevés, qu'ils font la culbute. Au bout du compte, chacun d'eux a été plus nuisible au trône qu'il ne l'a servi.

C'est au sein de la famille qu'on se délasse. Là est sise l'île où ces pauvres gens, différents et séparés de tout le reste du monde, incompréhensibles à eux-mêmes, se comprennent entre eux.

C'est la chambre des enfants, entourée d'infinis égards et de précautions sans nombre, avec ses nurses anglaises et sa surculture hygiénique, tout à la fois refuge de la famille et sanctuaire d'Etat; c'est la chambre d'enfants des princes, l'asile de leur humanité et de leur simplicité, claire, tendre, bien enveloppée, où tout est soigneusement organisé en vue d'apprendre à bien parler, à se préserver des intempéries, à se faire une image générale du monde, à observer les hommes pour les mieux tenir à distance; où tout est fait pour inculquer une religion de cour et une instruction superficielle: elle est la graine-mère dont ne se libèrent jamais les dynastes modernes et qui seule permet de les comprendre.

Les idées qui décideront de la personnalité éclosent dans un isolement puéril. On vit dans un paradis où l'on se sent douloureusement enfermé et protégé. Au dehors déferle un peuple méchant et malpropre qu'il faut tenir à l'écart, protéger et aimer. La loi suprême est de s'enfermer, de se garer des courants d'air, des contagions, des refroidissements. Du dehors pénètrent des germes, des choses qui font du mal, des choses répugnantes, ridicules. Elles sont introduites par une domesticité désinfectée, par des instituteurs et des médecins malodorants, par de vieilles et grotesques Excellences. Une indisposition met tout sens dessus-dessous. L'inviolabilité du corps et de la vie prime tout. Maman veille à ce que cela soit, et Papa gronde quand on y manque.

Papa et maman sont les dieux de ce paradis. D'abord, ils sont infaillibles. Ils doivent se laisser adorer, vêtus d'habits somptueux sans cesse renouvelés, dans les églises, dans les hôpitaux, au parlement, aux fêtes, aux revues, aux inaugurations, au théâtre, en voyage et à la chasse. Chacun les aborde avec humilité, chacun a quelque chose à quémander, chacun commet quelque faute et doit être rappelé à l'ordre, chacun a des particularités désagréables et en général une trouble conscience. Papa et maman rentrent irrités et toute irritation provient du peuple rebelle et des ministres stupides.

Autrefois vivaient les grands ancêtres. Tout ce qu'il y a de bien dans le monde est leur oeuvre. Ils se sont sacrifiés pour le peuple récalcitrant, en faveur duquel on continuera à se sacrifier et qui réclamera toujours de nouveaux droits en guise de remerciements. Les professeurs, maîtres d'école et pasteurs ne parlent d'autre chose et cependant jamais assez: en somme, eux aussi sont peuple.

Au loin, dans des capitales brillantes, vivent les familles parentes.

Tout dépend d'eux dans l'univers; chacun a ses particularités célèbres, ses singularités et ses possessions. On les connaît et l'on échange des visites. Il y a des parents très puissants, auxquels il faut plaire, de moins puissants qui sont indifférents, et de petits, les parents pauvres, qui s'empressent. Toutefois, eux aussi sont de condition égale; ils n'ont rien de commun avec le simple peuple, ni avec la ridicule aristocratie de campagne.

Au-dessus de la famille princière, il y a Dieu, le chef de famille invisible, qui ne se mêle que des grandes affaires, se contentant d'ailleurs des égards traditionnels. Le peuple devrait prendre modèle sur cet exemple, pour servir avec plus de zèle ses princes et son Dieu, auquel les princes eux-mêmes ne dédaignent pas de rendre hommage ostensiblement lors des cultes publics.

Le peuple est une masse qui n'est pas absolument homogène, mais quelque peu différencié. Chacun a quelque chose à faire ou à fournir. La plupart ont un travail, balayage de rue ou quelque chose d'approchant. Les meilleurs sont fournisseurs. Aux uns on achète des parures, à d'autres des bottines, à d'autres encore des gâteaux. Ils sont parfois gentils, mais en général serviles, importuns et un peu fourbes. Les professeurs livrent de l'histoire romaine, les ingénieurs des inventions ébouriffantes, les ministres de la politique. Ils n'ont pas autre chose, on ne peut leur demander autre chose, et l'on ne peut leur parler d'autre chose. Aux grandes fêtes, toute la clique se rassemble: on s'en aperçoit encore trois jours après.

Les impressions d'enfance ne se perdent jamais, aucun plongement dans le monde, dans le peuple et dans la vie ne les efface. La peau ne durcit pas; le prince ne se trempe pas au combat de l'existence; il reste toute sa vie un produit de la chambre d'enfants et du salon, malgré les agapes d'étudiants, les chasses et les revues. Chez les Magnats, il en va de même.

Avec l'adolescence, des problèmes se posent à l'esprit; on les fait taire. Comment se fait-il que, parmi des millions d'êtres, ce sang, cette grandeur me soient échus? Dieu l'a voulu; il se trouve, vis à vis de ma maison et de moi-même, dans une situation particulière.

Il en résulte la religion typique et sans transcendance des dynastes: une religion de réciprocité. *Do ut des.* Dieu est pour moi ce que je suis pour le peuple. Tout succès de la politique dynastique est le résultat de la volonté de Dieu. Tout fait d'ordre moral se déroule sur le plan de la réalité tangible. Tout le transcendental se résout en une image où l'au-delà reflète l'ici-bas sans en modifier d'un point la hiérarchie. Il n'y a pas de différence entre les devoirs politiques et les devoirs religieux; on construit des églises, comme on construit des fabriques de poudre. On convertit des païens, comme on combat la tuberculose.

Il n'est pas question de se poser sérieusement le problème de sa propre compétence, ce serait douter de Dieu. S'il a donné ce pays à nos ancêtres, cette constitution à ce pays et moi comme maître à cette constitution, tout doit marcher à souhait avec de la bonne volonté et en accomplissant son devoir comme il sied. On ne peut exiger de moi une connaissance que je n'aie pas; or on l'exige: donc je l'ai. L'histoire universelle, présentée d'une façon simpliste par des professeurs bien en cour, enchaîne les grandes époques. César résolut —, Charlemagne proclama —, le grand Électeur arma —, Frédéric décréta —, Napoléon écrivit—; ainsi eurent lieu les grands événements, coup sur coup; les décades de réflexion, de préparation, de travail solitaire, de délibération, on n'en parle pas. L'histoire est une suite de décisions souveraines inspirées. Le jour a vingt-quatre heures; si l'on retranche les heures nécessaires à l'indispensable représentation et à la lecture de quelques mémoires, il reste tout juste assez de temps pour une politique de coup sur coup; par suite, elle doit être la bonne et, avec quelques talents et de la bonne volonté, elle ne doit pas présenter de grandes difficultés.

Si donc votre propre travail n'est pas difficile, le travail partiel des dignitaires est réellement aisé. Etre ministre, c'est être laquais. On doit se tenir à disposition, l'on peut vaquer quand on veut à sa besogne de chancellerie et à ses devoirs parlementaires. Du talent ? Il en faut peu; tous commettent des erreurs et les plus utilisables sont les plus ennuyeux.

La jeunesse recherche des amitiés. Les compagnons d'étude grandissent autour de vous, mais la camaraderie est unilatérale. Au tutoiement et à la claque familière sur l'épaule répond un: «Qu'ordonne Votre Altesse Royale» ? On s'habitue insensiblement à faire parler un regard d'acier et à attribuer quelque signification à la poignée de main. Autre chose: le camarade inaugure sa carrière subalterne; il a probablement des désirs, peut-être des dettes — tous ont des désirs.

L'amitié des monarques! Ce rêve de poète est une impossibilité. Déjà les plus petits parmi les grands le savent: la troisième rencontre, la troisième lettre — et des relations utilitaires remplacent les relations humaines. Bien peu persistent jusqu'au bout dans leur bonne volonté au désappointement.

Le besoin d'affections humaines entre en lutte avec l'indifférence de la compassion et succombe. Trop de gens se sont abaissés devant lui, ont pleuré devant lui, ont étalé devant lui leur désespoir, baisé ses mains et reconnu leur faute. Il ne voit que des hommes amollis, malléables; un seul mot, un clignement d'yeux, et les fermetés se détendent, se fondent. La résistance qu'exige l'amitié ne s'affirme pas; s'affirmerait-elle, l'amitié s'évanouirait.

Ainsi, le coeur humain semble n'avoir pas de secrets, et malheureusement, le monde n'en a pas non plus.

A toute question on reçoit une réponse, très facile à comprendre, des meilleurs fournisseurs de réponses. S'agit-il de fouilles ? d'une époque de l'Histoire ? — Voici; telle ou telle! D'une découverte ? — Deux axiomes, trois nombres. De personnages historiques ? — Une anecdote inconnue, mais savoureuse. De nouvelles politiques ? — On les a un jour plus tôt que tout le monde. On connaît toutes les grandes villes, toutes les langues, tous ses contemporains, tous les sanctuaires de l'art, toutes les coutumes. En une heure on a appris à connaître tout cela. Le monde est un supplément illustré, une brochure de circonstance, un cinéma sans arrière-plan.

V.

Avènement au trône:
Entrée dans l'histoire universelle. Il n'y a plus d'actions privées, la vie est sacrée, une parade continuelle, une Epopée.
Chaque parole est une grâce, une bénédiction. Les prêtres, les généraux, les hommes politiques, les dignitaires la reçoivent avec un profond respect. Pour chacun c'est le moment suprême de sa vie.

A chaque pas coups de canon, cloches, tambour, cor, trompette, drapeaux. Non par plaisir, mais, comme dit la gent de cour, pour réjouir le peuple et satisfaire la tradition. Cela se confirme, car d'innombrables révolutionnaires participent avec enthousiasme à ces manifestations.

Les anciennes coutumes et cérémonies renaissent. Autrefois, lorsque ces cérémonies avaient un sens symbolique, il y en avait deux ou trois par an; maintenant il y en a deux ou trois par semaine. Tous les jours il y a quelque part une fête, à toutes les heures du jour il y a quelque part un moment solennel. Il est, comme on dit, immortalisé: par la photographie, par le cinéma, par le télégraphe, par les journaux, par le protocole. L'histoire universelle ressemble à un cylindre qu'on déroule.

En costumes toujours divers on va en voiture, à cheval, à pied, on mange et l'on parle. Chaque moment porte en lui quelque chose de définitif. Chaque geste met quelque chose en mouvement. Maintes choses se répétent, bien peu ont une suite, et la plupart recommencent.

Des hommes en foule défilent interminablement, le plus souvent pour ne jamais reparaître. Leurs impressions doivent se graver en eux pour la vie. Chaque parole est une dot. Pendant dix ou vingt ans, jamais une contradiction. Paroles, attitudes de vénération divine. La suite en adoration muette, les étrangers figés d'admiration. Une question sur votre lieu de naissance est une haute marque de bienveillance, un mot de dialecte est une saillie inoubliable de Sa Majesté. De grands hommes y vont de leurs flatteries, des Seigneuries redoutées caressent le chien basset. Personne n'est inaccessible, les désirs luisent dans tous les yeux, un seul être peut tous les satisfaire.

Hommage! Serment de fidélité absolue, éternelle. Dévouement jusqu'à la dernière goutte de sang. Tout pour le maître. Lui, le maître, nous, les serviteurs. Le maître croit à notre serment; il y croit, non par outrecuidance, mais pour le bien du pays.

Tout est pour le bien du pays: la fidélité, l'admiration, l'adoration, le sacrifice. Dieu le veut ainsi. C'est pourquoi le monarque peut reconnaître un service, mais n'a pas à en remercier. Car être remercié d'un service suppose qu'on était libre de ne pas le rendre. Reprocher au monarque son ingratitude est une contradiction logique. Lorsque Guillaume Ier refusa la main à Bismarck après le couronnement de Versailles, il était dans son droit.

Toutes les erreurs que commet le prince, on les oublie. Tout ce qu'il a pu dire de juste, on le répète à satiété. On prouve que tout adversaire est un fou malveillant. La disgrâce anéantit. Celui qu'elle touche est rayé du nombre des humains. Il s'est fait justice à lui-même. Il ne peut y avoir d'insuffisance, puisqu'il n'y a pas de recours. Un seul homme est l'arbitre suprême en toutes choses. Les quatre arts libéraux, l'armée et la marine, l'administration et la justice, les transports et la technique: tous soumettent à genoux leurs ultimes réclamations à la décision suprême. Les billets de banque et les timbres-poste, les noms des rues et les monuments, les maisons et les jardins, les sacs et les plumets, les wagons de chemin de fer et les tunnels, les drapeaux et les insignes de sociétés: tout doit être muni d'un chiffre, d'une correction salutaire, d'un croquis génial.

Aucun événement important ne loit avoir lieu sans être salué au passage.

Le chroniqueur de la cour, le panégyriste théologique veulent un mot historique, un télégramme. On expédie la politique étrangère à la hâte; il est une inspiration dont le fonctionnaire n'a aucune notion et qui illumine le fond des choses. Lorsque les monarques se rencontrent, ils résolvent en une heure un problème dont les ministres n'ont pu venir à bout en plusieurs années. Une parole audacieuse répand l'enthousiasme parmi les peuples, un froncement de sourcils effraie le globe terrestre.

Réflexion, concentration, livres, nature ? oh ! si l'on avait ce bonheur ! Lorsque les devoirs et la représentation ont absorbé une partie de la journée, il reste un peu de temps pour la famille, le repos et le plaisir, ce qu'il en faut pour l'édification; il ne reste pas un instant pour se renouveler.

Vraiment ? Ce monde et cet entourage des souverains parait si incroyablement grotesque ?

Une seule chose nous paraît incroyable; c'est que, bon an, mal an, un peuple sérieux et profond a non seulement accepté de bonne foi ce régime, mais l'a glorifié et lui a juré fidélité; et qu'il a raillé, méprisé et persécuté quiconque mettait en doute la nécessité de ce régime, son caractère définitif et son origine divine.

VI.

Qu'advient-il d'un homme qui mène cette vie là ? Heureux s'il n'étouffe pas de dégoût ou de mépris sans bornes pour les hommes. La constitution physique peut se maintenir, si elle est vigoureuse, l'esprit surexcité peut se stimuler jusqu'à l'insatiabilité; mais l'âme est forcée de s'engourdir. Cette vie devait-elle et doit-elle exister quelque part sur terre et dans l'histoire ? Certes; toujours et partout où une constitution surannée et, supportée par l'indolence du peuple, confère au monarque des droits excessifs et lui impose des services en proportion; lorsqu'un monarque normal, de pure race dynastique, s'installe de bonne foi dans ces droits.

Car un souverain démesurément puissant est inconsciemment l'ennemi né du peuple, qui lui extorque à lui et aux siens droit après droit et contre lequel il doit défendre ses droits pied à pied. Ainsi, cet homme, censé le plus national de la nation, se sent le devoir d'occuper et de protéger chaque point du cycle de sa puissance contre le peuple, peu importe si son propre moi en souffre.

Certes, il pourrait pratiquer la modération, renoncer, s'il avait un caractère génial, une nature susceptible de comprendre l'essence des choses. Deux vieillards et une femme y parvinrent. Mais alors il ne serait pas le souverain normal et fils de souverains, mais cette du type que pendant des siècles il faut attendre.

Certes! un peuple pourrait se soulever, déchirer la charte devenue inobservable et donner à sa volonté de nouvelles bornes en face de celle du monarque. Avant tout, les dignitaires pourraient se redresser et mettre fin à ce jeu plus honteux pour eux que pour le peuple.

Oui, honteux pour tous deux; mais pas pour celui qui préserve ses droits; pour celui-là ce n'est qu'une erreur. Car: est-ce une outrecuidance, de considérer comme une masse sans jugement un peuple qui, non seulement croit à ces fictions et à ces déifications, mais les exige et les tient pour sacrées, qui ne làisse passer un jour sans se faire délivrer un certificat de sujétion et de minorité intellectuelle?

Chez nous, derrière le trône, se tenaient les féodaux. Ils préservaient leurs anciens droits, ne sacrifiaient rien, souriaient parfois, et n'avaient aucune raison d'élever des protestations. Derrière eux se trouvait la grande bourgeoisie, cupide et ricaneuse, avide de dignités, de relations et d'influence; elle se surpassait en servilité vis-à-vis du système et ne se vengeait de tout insuccès que dans les personnalités. Mais quand donc un chancelier, perçant à jour tout cet assemblage, s'est-il jamais dressé, prêt à se sacrifier lui-même pour élargir les droits du peuple et restreindre ceux du monarque? C'était là un travail de Stein et de Hardenberg 1), et il n'y en avait pas un qui ne le sût, auquel on ne l'ait pas dit.

---

1) Les deux ministres qui réorganisèrent et démocratisèrent la Prusse après Tilsit (n. d. tr.)

Parmi les sept chanceliers de la grande époque ultra-monarchique, aucun n'est parti volontairement, surtout pour ces raisons. Les meilleurs se sont plaints du monarque, mais leur méfiance du peuple dépassait leur clairvoyance. Il se peut que cela n'eût servi à rien, qu'ils fussent partis: mais si l'on voyait là une raison suffisante, jamais aucun homme n'aurait risqué sa vie pour sauver celle d'un autre.

VII.

En tant que souverain, membre de cette famille de souverains européens si notoire et pourtant si complètement inconnue, périmée, énigmatique; en tant que monarque, pourvu de la plus impossible des professions modernes, Guillaume II, empereur allemand, roi de Prusse, n'est plus. Seul un caractère génial aurait pu le sauver de conditions désespérées. Qu'il ne l'ait point possédé ne saurait lui être imputé à crime.

Son cas est pitoyable, non tragique: car le conflit ne se livre pas dans le tréfond obscur de l'âme, mais à la surface claire de l'intellectualité. Les luttes, les plaies et les douleurs sont aiguës, non profondes. Aujourd'hui encore, il comprendra mieux la question purement intellectuelle et mal posée de l'ennemi: coupable ou non? que le problème humain du *sacrificium intellectus*, du sacrifice offert en toute liberté, en toute conviction et en temps voulu, d'une existence morale en expiation d'une désunion imméritée, mais incurable. Car le sentiment religieux est bien réel chez lui, mais purement rationnel, fondé sur une comptabilité morale et religieuse procédant par doit et avoir, tendant encore et toujours à une justice réaliste, à l'épreuve et à la grâce, à la récompense et à l'expiation. L'élément insaisissable, et cependant responsable, qui repose sous le seuil de la personnalité n'existe pas pour cette manière de penser.

Son cas n'est pas tragique, mais il a la grandeur de la destinée, car la culpabilité ou l'innocence d'un peuple est enlacée à lui, enchevêtrée en lui; d'un peuple qui avait oublié sa profondeur. Autant il est peu le représentant de son peuple, autant il l'est de son époque, de l'époque et de l'oubli de soi-même où son peuple était tombé.

Ce peuple, à cette époque, conscient ou inconscient, a voulu son roi ainsi, ne l'a pas voulu autrement, s'est voulu ainsi lui-même et pas autrement. Dans l'indescriptible dramaturgie de sa trame historique, il a plu à Clio de réunir dans un même sort grandiose l'existence matérielle des Allemands, leur aliénation d'eux-mêmes, leur idole et leur chute.

Jamais auparavant un homme ne s'était reflété d'une façon si complètement symbolique dans une époque, une époque dans un homme.

VIII.

Assoupie dans un profond sommeil, la conscience de l'époque se réveilla.

Vers 1909, au cours d'un voyage au pays rhénan, je me trouvai dans un compartiment de chemin de fer avec quatre ou cinq grands industriels. Selon l'usage d'alors, on parla de l'empereur: sans ménagements et avec amertume.

Je dis: «N'est-il pas discourtois de rendre l'homme responsable, au lieu des institutions? Le Kaiser a-t-il jamais dépassé les limites de ses droits constitutionnels? Restreignez ces droits; votre parti national-libéral en a le pouvoir, le monarque se résignera à tout fait accompli.»

«Pourquoi n'écrivez-vous pas cela, puisque vous écrivez des livres?», observa quelqu'un.

«Je l'écris tous les ans deux fois», répondis-je. «Mais permettez-moi à mon tour une question. Si la prochaine fois, il me venait à l'idée de donner à l'affaire la forme d'une pétition à l'Empereur et au Reichstag: signeriez-vous?» — «Pourquoi pas? — Certainement», opinèrent quelques-uns.

«Vous vous trompez. Aucun de vous ne signerait. Vos chances d'entrer à la chambre des seigneurs et de faire partie de la noblesse seraient compromises. La carrière de vos fils serait entravée, vos relations avec la cour et les dignitaires coupées.»

Personne ne me contredit. Tous le savaient. La haute bourgeoisie le savait et le voulait ainsi, et ne se réservait que la critique verbale.

En Allemagne, le gouvernement n'aurait pu gouverner un seul jour comme il l'a fait, sans l'assentiment du peuple. Le peuple est innocent, car il lui manquait les points de comparaison, il lui manquait l'aiguillon de la misère, sans lequel il ne bouge pas. Le féodalisme est excusable, car il défendait d'anciens droits; la haute bourgeoisie ne l'est pas. Peu importe! La conscience qui se réveillait dans le pays était inconnue du monarque. Où qu'il allât, où qu'il se trouvât, il rencontrait l'approbation; il touchait les limites de ses droits et ne les dépassait pas; il lui aurait fallu une perspicacité des plus profondes, des plus instinctives pour songer à changer son point de vue héréditaire. Vingt-cinq ans de succès!

La plus grande entreprise économique met tout au plus trois ans à péricliter, si les forces constructives qui l'avaient créée et la maintenaient cessent d'agir. La force vive de l'Empire allemand était si puissante, qu'elle maintint son essor durant toute une génération. Celui qui était habitué à ne voir que le soleil resta aveugle toute une génération devant chaque signe de mort; ils ne voyait que le succès.

La richesse jaillissait sous les pieds, des villes surgissaient, la terre et la mer s'animaient, tout le monde travaillait et créait: les erreurs mêmes tournaient au gain, chaque coup de dé semblait réussir. Certes, il est difficile de dominer un monde; cependant en présence d'une si riche bénédiction —: était-il possible de se tromper?

Les chanceliers, les hommes politiques, les généraux commettent des erreurs et on les remplace; un seul demeure.

En sa personne s'additionnent l'expérience, la mémoire, l'habileté. Peut-il, en plein et éclatant succès, s'arrêter soudain, réfléchir, rebrousser chemin, changer de méthode ?

De lui-même il ne le peut pas. Car une nature qui porte en elle une force directrice, ne se trompe pas pendant vingt-cinq ans. Cette force existe dès le début, ou elle ne s'éveille jamais.

Il le peut, si une grave menace s'élève du peuple ou avance de l'étranger à l'instant propice et s'il la perçoit.

L'esprit de l'histoire ne l'a pas voulu. Il a voulu que ce peuple détruisît son époque, exagérément mécanisée, de ses propres mains, et des mains de celui qui en était l'image temporelle. Il fallait qu'il mûrît dans son erreur. Lorsque vint la menace, elle fut tout à la fois jugement et exécution. La destinée dignifia ce peuple par l'élan formidable que prit son bras pour le faire sombrer.

IX.

Au total, j'ai vu l'empereur une vingtaine de fois, de 1901 à 1914; en moyenne une ou deux fois par an, parfois pendant plusieurs heures.

La première fois, je devais répéter devant lui une conférence scientifique, déjà lue auparavant en présence d'un auditoire assez nombreux; elle m'était donc familière. L'Empereur était assis directement en face de moi, je pus l'observer exactement.

Qu'il était autre que je ne m'y étais attendu! Je connaissais ses portraits de jeunesse où on le représentait avec une expression énergique, de larges joues, la moustache hérissée, les yeux menaçants; je connaissais ses dangereux télégrammes, ses discours d'une force exubérante, ses sentences.

J'avait devant moi un homme d'aspect juvénile, vêtu d'un uniforme bariolé, constellé d'étranges décorations; ses mains blanches étaient ornées de nombreuses bagues de couleurs diverses, il avait des bracelets aux poignets; sa peau était délicate, sa chevelure douce, ses dents petites et blanches. Un vrai prince; attentif à l'impression qu'il produisait, luttant continuellement avec lui-même, forçant sa nature, pour conserver de la tenue, de l'énergie, de la maîtrise. Guère un seul instant d'inconscience; inconsciente seulement — et c'est là ce qui, du point de vue humain, commence à émouvoir — la lutte avec lui-même; une nature dirigée sans se douter contre elle-même.

Beaucoup de gens me l'ont avoué depuis: une faiblesse qui ne pouvait se passer d'appui, un besoin de contact humain, une candeur brisée de force, que l'on pressentait sous un déploiement d'énergie physique, de haute tension psychique, d'activité retentissante: tout cela les avait frappés, émus. Et leur conclusion était: il faut un bras vigoureux pour protéger cet homme contre ce qu'il sent et ne connaît pas, mais le conduit au bord du précipice.

Un ami me demanda mon impression sur son aspect et sa conversation: Je répondis: Un charmeur et un homme marqué par le sort. Une nature déchirée, qui ne sent pas sa fissure. Il marche au-devant d'une destinée tragique.

Celui auquel je disais cela à l'apogée de l'ère impériale, et qui s'y connaissait en hommes, ne fut pas surpris et ne m'a jamais reproché ces paroles, durant la longue et brillante époque qui se déroula jusqu'à la guerre. Au début de la guerre, nous nous rencontrâmes, tous deux persuadés de l'issue fatale. Une fois de plus, il ne me contredit pas lorsque j'exprimai: «Le jour ne viendra jamais où le Kaiser, vainqueur de l'univers, passera par la porte de Brandenbourg, suivi de ses paladins montés sur des chevaux blancs. Ce jour-là, l'histoire universelle aurait perdu son sens. Non! pas un seul des grands hommes qui font cette guerre ne lui survivra.»

Moltke s'écroula et mourut, Falkenhayn, Bethmann, Jagow, Tirpitz disparurent; la dernière année il ne restait plus que l'empereur; enfin il tomba aussi.

La fissure visible, aussi visible au spectateur qu'insoupçonnée de lui-même, gagna de proche en proche à travers la nature physique de l'empereur.

Il est des âmes faibles dans des corps vigoureux. Dans ces cas-là l'activité de l'âme ne porte pas l'empreinte de la fatigue, du découragement et de l'indolence chagrine, elle n'agit pas non plus sous les espèces de l'amour, de la passion et d'un feu continu, mais elle est attisée, tisonnée sans repos, alimentée sans mesure; une flamme froide, qui brille et consume, mais ne chauffe pas.

L'empereur avait une vie physique très forte. Peu d'hommes en Allemagne pouvaient, comme lui en un jour, écouter et répondre, se transformer, garder contenance, rester debout et parler. Il était un causeur étonnant, au tact aimable, à la mémoire infatigable; sa conversation était plastique: tel qu'une longuevue, il s'adaptait à l'oeil de son interlocuteur; c'était un orateur brillant, non pas au point de vue de l'invention ni du style, mais doué d'une présence d'esprit remarquable, il savait l'art de la coordination et de la progression dans le discours et l'élan de son élocution était entraînant. Jamais son goût héraldique, son appareil wagnérien n'a si bien touché le nerf de la population prusso-mécanique que dans les discours qu'il prononçait à l'improviste, d'une voix de commandement adoucie, apanage du militaire bien élevé; presque toujours devant un auditoire acquis d'avance à ses idées.

Les puissants de l'époque guillaumesque achetaient et payaient toutes leurs prérogatives au prix de la conception mécanisée du devoir. La vigoureuse nature physique du monarque agissait sur son âme par le levier du devoir. La divinité en guise de supérieur, l'armée traditionnelle, les fonctions sacerdotales prises au sérieux, l'art politique de Frédéric et la méthode de règne d'al Rachid ne réglaient pas seulement la marche de l'astre du jour, mais aussi les mouvements et les émotions de l'âme.

Le subconscient en lui finit par se perdre. Une deuxième fissure apparut. Un esprit agité, attaché à des buts traditionnels («conformes au devoir»), une volonté dynastique, héréditaire, dirigée vers la self-défense, vers le pouvoir et la représentation, une connaissance secrète de ses limites et de ses faiblesses, mitigée par le succès et la l'assentiment divin, enfin l'effort vers un effet immédiat, absolu et ne souffrant pas d'exception: ces forces intellectuelles s'emparèrent du gouvernail. Chaque instant était soumis au contrôle, à l'observation de soi. Les forces subconscientes se réfugièrent dans les canaux insignifiants du goût et des délassements; c'en fut fait des sources naturelles profondes de la nature naïve, de l'instinct, de la force directrice et du jugement inné.

Dès le début ces forces inconscientes n'étaient pas grandes. Elles débutèrent par des exagérations. L'exagération vient d'une trop faible confiance en soi. Au premier insuccès on donnait un coup de barre. En cortège bariolé se succédaient les problèmes entrepris, réalisés, à-demi résolus, et abandonnés, au jour le jour, selon que l'éxigeaient l'heure, le monde, l'occasion. Si l'on osait parler de tendances fondamentales, on pourrait en citer trois, qui découlaient plutôt des directions générales du goût que d'une nécessité intime: une vague tendance prusso-allemande à la puissance, la tendance dynastique héréditaire de la légitime défense et, en contradiction secrète avec les deux précédentes, une tendance générale à la modernité, surtout dans le sens technico-mécanique, parfois dans le sens social. On a peine à entrevoir la conception idéale vers laquelle la réalisation de tels vouloirs nous aurait conduits; une sorte de césaro-papisme électro-journalistique.

L'instinct, le «flair» manquait complétement dans le choix des hommes. Seule une adoration silencieuse était assez souple et empressée pour affronter les abords de l'empereur. Ceux qui pouvaient la donner ne devaient pas être des femmes, mais n'étaient pas toujours des hommes. La conception du service personnel s'étendait à tous les hauts fonctionnaires politiques et militaires; consciemment ou non leur fonction prédominante était celle de courtisan, la fonction accessoire celle d'administrateur responsable; il était moins dangereux d'être incapable qu'ennuyeux ou de manquer d'apparence. Ajoutez à cela la conception dynastique du travail: le travail est une chose que font des inconnus dans quelque chancellerie, de sorte que le rôle du principal responsable se borne à y apporter de temps à autre les lumières de son intelligence.

L'instinct faisait défaut dans la vie intellectuelle et religieuse.

L'intelligence était un moyen. Mais servant à quoi ? A ces tendances générales, mal déterminés, données dès l'origine, par conséquent d'essence divine. Les goûts artistiques procédaient d'un don tout formel, qui dominait de tout son mystére un entourage totalement étranger à l'art, don décrété infaillible par les artistes de la cour à l'affût de commandes. Il en résulta fort naturellement la prétention à une sorte de commandement en chef artistique: Comme dans le pays du devoir tout était «au service» de quelqu'un ou de quelque chose, l'art servit à la glorification du régime; il fut un moyen dynastique, politique, représentatif. L'architecture livrait la magnificence; la peinture livrait la décoration; la plastique livrait les sujets costumés. Le goût douceâtre et gras de macarons et de massepain de ces choses prétendues renaissance, romanes, byzantines et premier-empire grisait la race mercantile de l'époque.

Un moyen d'action déplaisant inventé par la bureaucratie de l'église protestante fut l'épiscopat suprême. Même pour les souverains intimément religieux, le fait que le pontificat était exercé comme fonction auxiliaire et bureaucratique devait avoir pour conséquence que la foi devenait moyen de la politique, surtout si c'était une foi officielle et adonnée à la propagande.

Le souverain normal est religieux, autrement il ne prendrait pas sa situation au sérieux. Cependant son au-delà n'est qu'une continuation du monde dici-bas par d'autres moyens; sur terre, l'expédient de la foi sert au maintien de l'autorité, il se mécanise dans les entreprises de l'église, de l'éducation, des missions. La divinité est une monarchie d'ordre supérieur. Le monde visible lui est subordonné. Elle y agit d'après les principes d'une constitution politique mondiale promulguée par la révélation et dont le pouvoir exécutif réside dans les événements historiques.

Cette foi non matérielle, mais dépourvue de toute transcendance, sert à fortifier le régime existant, à faire en toute ingénuité un usage politique de l'appareil ecclésiastique, à présider aux examens de conscience sur la base d'une éthique conventionnelle, à négliger tout problème d'une certaine profondeur, à récuser toute question primordiale. Aux époques de succès (c.-à.-d. d'accord avec Dieu) tout est en ordre, tout poursuit sa marche normale; aux époques d'insuccès (d'épreuve), tout est mis en question, toute direction est perdue, si une nouvelle inspiration divine ne vient porter conseil. Le sens des proportions disparut. Toute chose ou action agréable paraissait colossale, toute force indésirable semblait misérablement petite. Colossales: chaque invention nouvelle, chaque découverte, fouille, construction et organisation, tout succès diplomatique (terme consacré chez les intéressés: «forcer les gens à s'agenouiller»). Insignifiant, voué à la ruine, sacrilège: toute agitation ennemie, toute politique hostile, toute production artistique non soumise au contrôle. En toutes choses il fallait «prendre position»; un geste audacieux valait plus que de longues préparations. L'antagonisme politique croissant des plus puissants Etats européens semblait sans inconvénients; on considéra comme possible, pendant quatre ans, une guerre contre tous les pays du monde.

Dans les Etats semi-absolutistes, l'effet des singularités d'un monarque sur la politique et l'administration est incalculable. Ce sera une des gloires de la vertu prussienne que sa bureaucratie ait résisté à l'ouragan du sensationnel, à la prépondérance de la ploutocratie, au gaspillage des dignités. Les principaux chefs, civils et militaires, ministres, généraux et ambassadeurs, devaient s'adapter, car ils étaient nommés sous cette condition tacite ou avouée; ils étaient discutés et choisis d'après leur faculté d'adaptation; ils devaient, sous peine d'être classés comme purs Béotiens, fournir des choses captivantes, surprenantes, sensationnelles et colossales, il fallait qu'ils se pliassent à l'inspiration d'en haut et qu'ils reconnussent formellement le succès des grands gestes. La politique d'un pays raisonnable, ami de la vérité, candide, prenait par là les allures d'une politique impénétrable, sournoise et de bluff: défauts qui n'étaient point ceux du monarque, mais de grotesques défigurations d'une image projetée sur un miroir dont la surface aurait présenté de petites inégalités.

Comment se comporta Clio, en présence de cette incarnation organiquement logique du système dynastique, en présence de cette application des hiérarchies antiques à un peuple fort et vivant? Laconiquement, inflexiblement. Elle consigna d'un visage inaltérable ces discours retentissants sur les gloires àvenir, sur la volonté royale, sur l'obéissance automatique, fût-ce au commandement: «Feu sur vos frères»! sur toutes choses analogues et qui révélaient toute une destinée, en la défiant. Jamais, dans l'histoire, puissances démoniaques ne gravèrent de pareilles tables, et ne les présentèrent à un peuple.

Les dernières bravades des poings de fer évoquèrent les mânes d'Aristophane et de Shakespeare. Lorsque la tête de mort du capitaine — il devait s'appeler «von Köpenick» — insulta au militarisme prussien et à une obéissance «de cadavre», l'Allemagne sourit et l'Europe tressaillit. En un jour d'hiver à Rome, dans la maison d'un homme politique allemand, arriva d'Allemagne la dépêche de Saverne, concernant le lieutenant au chocolat et l'énergie colonisatrice du propréteur prussien. Les convives se mirent à rire et le maître de la maison me demanda: «Pourquoi cette histoire ne vous amuset-elle pas ?» — «Ce sont là des pasquinades», répondis-je, «que Clio cloue aux portes de ceux qui sont marqués. Il s'agit de choses capitales ; car depuis l'histoire française du collier, Clio n'avait plus fait preuve d'autant d'amertume sarcastique.»

X.

Plus le caractère est problématique, plus la vie lui apparaît exempte de problèmes. Le monarque vint au devant d'elle avec bonne humeur, car deux belles qualités, rares chez les natures partagées, lui étaient échues, héritage d'une forte constitution physique, d'une vie heureuse, d'un simplisme religieux et de la tendance à l'exagération: l'optimisme et la bonté.

Lorsqu'on voyait le souverain dans un entourage qu'il aimait et conforme à son caractère: de gros bourgeois radieux, d'aimables hanséates, de riches Américains — qu'il considérait presque comme ses pareils en tant que libres républicains — on ressentait, parmi toutes les exagérations, la chaude empreinte de ce qu'il y avait de plus sain dans sa nature multiple: la croyance en sa mission, la foi dans le progrès — mais dans le progrès ordonné —, avant tout cette grande qualité qui, au dernier moment, fait trouver grâce devant Dieu à toute créature humaine: la bonne volonté inaltérable.

Lorsque, infatigable, débordant, causeur, le monarque évaluait des nouveautés avec cet enthousiasme quantitatif, numérique et positif qui est celui de l'Américain, du journaliste et du Berlinois, lorsqu'il vantait des résultats, débitait des plans, on sentait monter en soi le désir très humain d'avertir un homme en danger, de le préserver, de le protéger. Une parole de bonté, d'humanité, ne pouvait-elle pas révéler les abîmes, mettre en lumière les problèmes obscurs, engager cet homme à s'absorber seul avec lui-même dans les questions qu'il n'avait jamais perçues ? Cette parole ne pouvait être prononcée parmi la foule, ne pouvait être entendue au milieu des hennissements de l'obséquiosité, ne pouvait être comprise par un esprit étourdi de réalités, de tumulte, sevré de toute solitude. Si le zèle, la flatterie, de la forme la plus grossièrement servile jusqu'à la forme la plus virilement fine, la convoitise dispendieuse, la fourberie affichée, l'approbation ininterrompue, la surenchère de toutes les formes de l'apothéose et les lamentations de la misère humaine, si tous ces poisons et ces pernicieux artifices n'ont pu briser la foi en l'avenir et l'inaltérable bonne volonté de cet homme, cela tenait en partie à sa foi en l'infaillibilité de sa mission et en son élévation surhumaine; pour l'autre partie — la meilleure — cela tenait à un don inaltérable.

Ce don était capable de se donner à son tour : il dispensait l'amour aux hommes, au peuple, la bonté envers tous. Amour et bonté à coup sûr dynastiquement limités: pour autant que cela était possible, que cela ne semblait pas nuisible et ne demandait pas de sacrifices: un peu comme chez les dieux de la Grèce antique. C'était le plus beau des devoirs de rendre les hommes heureux, de la manière que, d'un point de vue supérieur, ils devaient l'être; c'était une joie de faire plaisir à chacun, et pas uniquement en raison d'un penchant facile à voir des visages heureux; mais il ne fallait pas que cela bouleversât le plan général, ni que cela dérangeât le moindre numéro du programme. Il y avait des moments où il fallait tonner, et cela aussi avait sa beauté.

Cependant, rien n'est plus injuste que de reprocher à ce monarque la cruauté du coeur; son coeur était plus tendre que sa bonté ne le voulait. Si cette bonté avait habité un coeur plus viril, certaines choses ne se seraient pas produites, qui paraissaient provenir de sa dureté et ne provenaient que de sa timidité.

A la bonté se joignait l'amabilité, qui ne venait pas de la bonté seule, mais avait plus de valeur et de consistance que les recettes habituelles qu'emploient les souverains pour charmer qui paient d'un sourire ou d'une familiarité carabinée leurs propres sujets ou les étrangers en guise de salaire pour leur adoration.

Chez le Kaiser non plus l'amabilité n'était pas dénuée d'ambition; lui aussi savait que, suivant l'air qu'on se donne, un mot devient une saillie, une question se mue en bienfait. Il donnait pourtant plus qu'il ne demandait. Son discours avait de la substance, sa question contenait de la sympathie. Il savait s'imprégner de tous, à chacun il parlait différemment, et la plus belle qualité de sa sociabilité était celle qui lui porta le plus de préjudice: la belle audace de la confiance en son auditeur. En ceci aussi il était libre et adynastique, qu'il demandait une réponse et qu'il la tolérait. D'aucuns le trouvèrent trop libre dans ses relations, personne ne le trouva discourtois.

XI.

Il gouvernait le monde exempt de problèmes qui l'entourait, au moyen d'une intelligence remarquable et d'une dialectique étonnante.

Les natures d'un esprit fort, mais purement intellectuel courent un grand danger. Comme elles perçoivent surtout les questions raisonnées, délestées de doutes aigues, de pressentiments et de visions, comme elles s'entendent à dominer ces questions et qu'elles ont un jeu facile avec ceux qui s'enfoncent tout entiers dans les pensées profondes et abstraites, le succès conduit à un sens absolu de sa supériorité, et la sécurité devient de l'insouciance.

Comparé à son entourage, le Kaiser était une nature spirituelle. Sa longue journée, bien remplie, se passait à donner et à recevoir; on ne le vit jamais fatigué. Aucun domaine ne lui était fermé, aucun ne lui était étranger, aucun ne lui était indifférent.

Il provoquait ainsi l'étonnement inouï de son entourage de race, particulièrement matériel, qui voyait dans une telle universalité purement et simplement le génie; et c'est cela qui provoquait la méfiance parfaitement injuste des ultra-critiques professionnels, qui prenaient cet intérêt intarissable pour du badinage et du bluff.

La force et l'étendue intellectuelles du Kaiser me paraissent si considérables, qu'assises sur des forces subconscientes, sur le don du pressentiment et de l'intuition, unies à l'opiniâtreté dans l'amour et à la persévérance dans les desseins, elles auraient pu atteindre le niveau de ce que le monde appelle génialité.

Une mémoire fidèle et avisée complétait le bagage intellectuel du monarque, son étonnante faculté d'associer les idées la mettait en valeur. Les propositions abstraites de l'expérience ne manquent pas dans les milieux intellectuels élevés qui ont à s'occuper des plus hautes manifestations de la marche du monde; le sens du caractéristique, de ce qui frappe, animait ses récits, ses pensées. Car chaque sensation était vivante, créatrice même, — bien entendu, dans les limites de l'horizon de cet esprit; c'est pourquoi l'expression, elle aussi, était plastique le mot adéquat, souvent exagéré, jamais aventuré.

Cette disposition d'esprit devait se refuser à tout ce qui enveloppe un problème, elle était proprement antiphilosophique. Le désir et la recherche se portaient tout vers les faits; ou plus exactement, vers les faits sortant de l'ordinaire. Ils s'y portaient à ce point que le long travail journalier ne parvenait pas à les satisfaire, les individus encore bien moins. Les savants et les spécialistes qui entreprenaient de fournir au souverain, à intervalles réguliers, des choses intéressantes, se trouvaient dans l'embarras: ils recevaient en fin de compte plus qu'ils n'apportaient. Si l'élan constant de la pensée vers les faits est antiphilosophique, mais créateur pourtant, inhérent aux artistes moyens et aux hommes d'action, l'amour du quantitatif, ou mieux, de ce qui est sensationnel, étonnant, dénote un trait de caractère naïvement mécanique, aboutissant à l'américanisme et au journalisme. Pour les plus éminents d'entre les hommes, les plus humbles choses sont grandes; le cas le plus ordinaire contient le secret le plus profond, et les heures de préparation sont plus décisives que le moment «historique».

Nous avons vécu à satiété des moments historiques endimanchés du bric à brac des siècles, destinés à l'historien et assouvissant reporters et intrigants. Le cours de l'histoire était un livret d'opéra, et quiconque, récapitulant, se rendait compte avec terreur que tous les «effets» pacifiques étaient épuisés, avait la certitude que l'ironie de l'histoire ne manquerait pas d'ajouter à la collection les «effets» de guerre. C'était le potpourri et le film de toute l'histoire universelle en trente ans.

Plus d'un peut se demander si la grande intelligence du monarque — malgré l'absence de l'instinct — n'aurait pas dû le conduire à se poser la question: est-ce bien là de l'histoire universelle ? Un monde avec ses embranchements à l'infini se laisse-t-il administrer avec cette seule facilité de compréhension soi-disant universelle, en une suite ininterrompue de grands moments historiques ? L'habituelle médiocrité des hauts fonctionnaires peut-elle suffire à la longue, ne fût-ce qu'à une responsabilité suppléante ? En un mot: un siècle nouveau peut-il se passer complètement de pensée substantiellement neuve, et reposer paisiblement sur le maintien de la tradition, perfectionnée en technique et accrue en dimensions ?

Assez d'énergies — honnies et comprimées il est vrai — s'agitaient dans le pays, réclamant une nouvelle époque: de leur point de départ jusqu'au trône, ne pouvait-on creuser un canal ?

Certes, c'eût été une bonne action et conforme à la dignité de l'Allemagne, si quelques hommes d'Etat eussent déposé leur mandat aux pieds du monarque, en sacrifice à des temps nouveaux. On ne les trouva pas; dans la nouvelle Prusse on ne se sacrifiait pas, et peut-être les intéressés savaient-ils — ce qui ne les absout pas —, que le sacrifice ne serait pas libérateur.

Car c'est ici que commence la grande faute du peuple. Ce n'est pas une faute morale ni intellectuelle, mais c'en est une des plus graves au point de vue historique, que nous expions et expierons indiciblement: le manque de caractère, la passivité.

Le monarque était entouré de courtisans qui l'adoraient avec une sollicitude pleine d'abnégation, considéraient l'Etat comme la suprême des affaires de famille et écartaient de lui toutes les contrariétés. «Il lui faut du soleil», disait-on.

La zone des noblesses rurale, militaire et bureaucratique entourait la cour.

La Prusse leur appartenait, elles avaient aidé à la créer, elles étaient unies à la couronne par des relations d'intérêts réciproques. Elles voulaient, au sens vieux-prussien et petit-Etat du mot, une «royauté forte» et ne comprenaient pas que cette royauté forte signifiait, transplantée dans l'empire mondial d'Allemagne, un principe monarchique faible, avant tout un monarque faible.

La bourgeoisie ploutocratique entourait cette zone, désirant l'approcher à tout prix et prête à se charger de la défense de tout, à entrer en lice pour tout. Elle buvait aux chaires, qui dégouttaient d'historisme, les théories justifiant son vouloir, et de la bureaucratie, qu'elle flattait, elle obtenait des certificats de bonne conduite et de loyalisme.

Au-dehors, il y avait le peuple. Les campagnards tenaces, ne possédant aucun point de comparaison, s'abandonnaient à la direction de la noblesse rurale, de l'église, du sous-officier instructeur et du sous-préfet; les citadins remuants, irrespectueux, mais à qui l'on en pouvait imposer, s'épuisaient dans l'ivresse du gain et du plaisir. Le prolétariat grondait à l'écart, repousseur et repoussé, niant le présent par la base, ne vivant que pour l'avenir.

XII.

L'isolement du trône était complet. Le système monarchique, semi-absolutiste, était ancré au rocher.

Ancré par les traditions, par les grands noms, par la science complaisante, par l'église, par l'école et l'administration; par la constitution agraire et le militarisme; par la noblesse militaire, administrative et ploutocratique; par des constitutions d'Empire et d'Etats enchevêtrées, qui rendaient impossible toute personnalité marquante, affaiblissaient les parlements; par les querelles entre partis, confessions et intérêts, qui se neutralisaient réciproquement; avant tout par la plus forte de toutes les ancres politiques: le succès matériel obtenu au cours de dizaines d'années.

Quoi qu'il en soit, en dépit de la paresse intellectuelle et de l'indolence, des courants d'opposition auraient pu monter à la surface, suscités par une politique extérieure dilettante, par une politique intérieure romantico-conser vatrice, par une politique intellectuelle vide et emphatique: ils auraient pu y monter, si, à l'ancien défaut allemand de passivité et de soumission, ne s'était ajouté le nouveau défaut de l'époque mécanisée.

Depuis longtemps la substance intime immuable du peuple ne se sentait plus représentée par les dynasties internationales. En revanche l'époque, l'heure sans âme de l'éternité — et pas seulement en Allemagne — se sentait consacrée et fortifiée par un régime personnel et fondé sur l'effet.

On était devenu riche, on était devenu puissant et on voulait le faire voir au monde: Le parvenu qui voyage à l'étranger critique, parle haut, tranche du compétent; on traita le monde de même sorte. Une politique de télégrammes et de décisions subites rentrait dans cette ligne. La vie des grandes villes, surchauffée, affamée de réalités, basée sur la technique et de prétendues conquêtes scientifiques, avide de fêtes, de surprises, de revues et autres futilités bruyantes que les Berlinois ont baptisées des sobriquets de *Klimbim* et *Klamauk* (1) exigeait une représentation extérieure réunissant sur le même plateau Rome et Byzan-

---

(1) Correspondrait aux francais *Zimzim* et *Patapoum* (N. d. tr.).

ce, Versailles et Potsdam. La masse dressée militairement voulait montrer et voir montrer, en des spectacles militaires, l'adresse qu'elle avait acquise. Il fit plaisir au contribuable, il fut utile au marchand que de leurs sous et de leurs écus sortît la flotte superbe et menaçante. La facilité avec laquelle on gagnait de l'argent devait trouver son parallèle en des succès politiques trimestriels. Le goût artistique qui montait en graine dans les constructions du Kurfürstendamm et se grossissait en de brutales statues de Bismarck, pensait trouver à la fois son égal et son modèle dans l'art luxuriant de la cour; de même l'ostentation et le sybaritisme bourgeois aimaient à se persuader que, même dans les classes supérieures, c'en était fait de la simplicité vieille-prussienne et que là aussi les trivialités du jour et de la mode étaient prisées autant que dans les classes inférieures. L'obéissance naïve des vassaux campagnards et le loyalisme fructueux de leurs protecteurs, le sentiment de dépendance des bénéficiers de la cour et de l'Etat, la discipline à vivats des associations militaires, se délectaient de décrets où les sujets étaient très-gracieusement mis sur la bonne voie et de chroniques de la cour où leurs très Hautes Seigneuries «daignaient» sortir en voiture. Des premiers bourgmestres nu-tête n'auraient pas salué dévotement à la porte de Brandebourg n'importe quel petit prince par droit de brigandage, au nom d'une bourgeoisie cultivée, ni hurlé des serments de soumission et de fidélité jusqu'à la dernière goutte de leur sang, des grenadiers prussiens n'auraient pas pris la position d'ordonnance et battu le tambour devant des nourrissons ou des princesses par alliance, s'il n'y avait pas eu, dans le sang allemand, une goutte qui ne savait et ne voulait pas savoir ce que signifiait la dignité, et que la servilité réjouissait.

Il aurait fallu que le monarque possédât un jugement d'une justesse inflexible, transformât de fond en comble la pensée dynastique, que ses conceptions morales fussent marquées au coeur de la génialité, pour dire: «Je ne veux pas que le peuple soit ainsi. Je ne me veux pas ainsi parmi ce peuple. Et puisque vous tenez à la contrainte, eh bien, je vous contraindrai à la dignité et à la liberté».

Il aurait fallu lutter contre toutes ces malheureuses moitiés, contre ces fantômes d'existence, dont on saluait la naissance à coups de canon. Contre les magnats et les aristocrates. Contre les généraux de la cour et les généraux de carrière. Contre les directeurs de banques, les industriels et les gens de la Hanse. Contre tous ceux auxquels une monarchie impériale byzantine apportait de l'argent, de la puissance, des situations et de l'éclat. Cette lutte n'eût pas été sans espoir, mais très dangereuse. Perdue, elle prenait un caractère simplement tragique; victorieuse, elle signifiait la justification et la rénovation de la monarchie allemande.

Je ne fais pas un reproche au monarque de n'avoir pas aperçu le problème. De ceux qu'il aurait dû combattre il tirait l'approbation, et le microphone de la cour ne lui fit entendre que des paroles d'assentiment.

Mon reproche s'adresse à l' époque et au caractère du peuple, qui voulaient un tel gouvernement. La nouvelle Allemagne est, de tous les peuples, le plus inconnu. Ce que nous appelons ses talents — «poètes et penseurs» — appartenaient à la couche périmée de la bourgeoisie patricienne, disparue depuis cent ans; ce que nous appelons son caractère est celui de la seigneurie féodale, morte maintenant. Qui juge l'Allemagne, songe à sa patrie; heureux s'il est originaire d'une ville moyenne de l'Allemagne du sud: il a des yeux de moyen-âge.

L'époque est connue. Nous l'avons dévoilée, nous lui avons opposé la double conception de la mécanisation et de la vivification spirituelle et rompu ainsi son charme diabolique. L'époque n'englobait pas l'Allemagne seule, mais l'occident tout entier. Or, en Allemagne elle a trahi l'esprit national et le passé, et c'est en Allemagne aussi qu'elle a atteint son point culminant.

C'est en Allemagne qu'elle devait mourir. Lorsque nous serons nous-mêmes, le vaincu sera libéré, le vainqueur lié — nous verrons. Mais pour frapper cette époque, pour frapper en plein coeur cette époque allemande, il fallait, au nom de l'histoire, des manifestations très apparentes, qui ne laissassent la place à aucun doute, des manifestations puissantes et symboliques. L'action alternante de l'élévation populaire et de la dynastie à son crépuscule, du caractère populaire et du caractère monarchique, devait faire entendre durant toute une génération la fugue la plus échevelée. Dans la figure et la personne symbolique d'un monarque, qui ne devait pas être d'un pouce autre qu'il n'était, la question devait s'accorder avec la réponse, la réponse avec la question. Pour abattre un peuple comme le peuple allemand, le problème et le symbole d'une époque devaient être poussés jusqu' à leurs dernières limites et réfutés en une vie humaine de valeur absolument représentative.

Jamais époque n'a porté à meilleur droit le nom de son monarque. L'époque de Guillaume II a été plus coupable envers le monarque que le monarque envers elle; ils étaient enlacés l'un à l'autre à la vie, à la mort et, comme pour la bûche de Méléagre, l'incendie de l'un signifiait la fin de l'autre.

XIII.

Pour être tragique, il manquait au Kaiser la conscience, voire, plus simplement, le sentiment obscur du problème. Ce n'était pas une nature naïve, car elle avait l'intellect à sa base, mais une nature non éclose. Sa pensée naissait au grand jour, à la lumière de la réalité; ce que les Français appellent clarté ne lui manquait pas. Il se peut que, depuis les écrits de Chamberlain, qui étaient faits pour lui, il ait lu d'autres livres contenant autre chose et plus que des faits: rien ne suscita en lui le doute, ne posa des énigmes, et sa sincère religiosité s'en tenait à la sphère de la dévotion dynastique, dont les rapports avec Dieu étaient raisonnables et réglés. Pour être génial il lui manquait un jugement sain et profond, une imagination de haut vol. Sa faculté de conception dans le domaine intellectuel était illimitée. Sa pensée, infatigable et incisive, sous des formes empruntées au dehors. Sa parole était intéressante et efficace, souvent entraînante, elle ne contraignait jamais. Il ne surmonta jamais l'habitude de s'occuper de son moi; même aux instants de contact il ne parvenait à une connaissance directe des hommes; les hommes et les choses ne prenaient pas à ses yeux une vie propre, ils restaient des accessoires. Sa pensée même se nourrissait d'arguments, non d'expériences et de sentiments; et, alors que la conclusion lui paraissait d'une force inattaquable, elle était de travers.

Pour être grand, il lui manqua d'avoir fondé sa nature sur une humanité pure et une volonté immuable. Toute existence dynastique repose sur la convention, sur des appuis extérieurs, sur des relations interdépendantes. Détacher cette existence des hasards de ce monde exige une force surhumaine; le but voulu par Dieu doit s'élever au-dessus de la puissance reçue de Dieu. La convention ne fut pas abolie. On ne se trouvait pas en présence d'une humanité nouvelle, d'une nouvelle monarchie intrinsèquement conçue, mais en présence d'antiques symboles de la grandeur, et cette grandeur ne fut pas saisie dans le sens de l'original que ces symboles avaient créé, mais dans le sens d'héritage — et de cette façon, ce qui fut création s'avilissait en un geste imitable.

Cependant ce à quoi le monarque aspirait le plus ardemment lui fut donné, comme de droit, libéralement. Il voulait agir, se sentir agir: une époque de l'Allemagne reflète son image ineffaçable, comme lui se reflète en cette époque. L'époque s'écroula, selon la loi des astres, en expiation de sa faiblesse et de ses erreurs: or, comme cette époque est sans cesse l'objet d'accusations et vouée à l'indignation générale, le monarque, en ses méditations, attribuera toujours la responsabilité de ce malheur au hasard et à un insuccès individuel.

Aux yeux de l'histoire, qui ignore le hasard, aux yeux du coeur humain et de la bonté éternelle, il sera absous pour prix de sa bonne volonté. Si sa chute ne constitue pas une délivrance tragique, elle constitue pourtant un grand et impressionnant événement, fatal dans son entrelacement au vaste monde qui l'entourait. Infortune certes; mais sous sa forme la plus élevée: prévisible, inévitable, combattue au moyen de forces inouïes, consommée par la puissance même de la nature. Un procès intenté non pas pour l'enjeu suprême, mais porté devant la plus haute juridiction; plaidé devant le tribunal de l'humanité, et perdu.

XIV.

L'idée simpliste de rendre un seul homme responsable de la guerre, cet homme fût-il un monarque absolu, ne supporte même pas la discussion aux yeux allemands.

Lorsqu'une vitre se brise, on peut, pour se conformer à un sens naïf de la jusice, soutenir que quelqu'un doit en être coupable: en présence d'un événement naturel, la question se révèle ce qu'elle est, enfantine et niaise. Un juge professionnel, jugeant une cause non d'après son sentiment, mais d'après le résultat, aura de la peine à comprendre qu'il se puisse agir seulement d'une culpabilité en soi, et non de la culpabilité de quelque chose.

Une Europe privée d'âme, surmécanisée, où chaque homme était l'ennemi de l'autre, chaque peuple ennemi de l'autre, cela tout naturellement, sans s'en douter et sans honte; une Europe où tous, hommes et pays, ne songeaient qu'à jouir et à vivre dans une ingénuité animale, tandis que d'autres souffraient et mouraient; où l'on avouait que toute politique reposait uniquement sur l'économie, soit une lourde, stupide et éhontée tentative d'exploitation, ou sur les armements, soit la prétention cynique à disposer de l'excédent humain, de l'argent, de la technique et de la discipline des masses; une Europe où l'on discutait débonnairement les conceptions de l'hégémonie sur mer, de l'hégémonie sur terre, de l'hégémonie mondiale, comme s'il s'agissait de jouer un cochon aux quilles et non du crime le plus abominable: dans cette malheureuse et infâme Europe, la guerre n'éclata pas le 1er Août 1914.

Elle avait éclaté depuis des dizaines d'années. Si les armées visibles ed l'impérialisme et du nationalisme ne marchaient pas, ne se terraient et ne se massacraient pas, si les vaisseaux de combat et de meurtre ne sautaient pas, si les hommes-oiseaux visibles ne se lacéraient pas: dans l'espace éthéré de notre planète, n'en circulaient pas moins la haine accumulée, la perfidie méchante, la mort déchaînée.

Tous ceux qui avaient la moindre lueur d'intuition savaient que la guerre ne menaçait pas, mais qu'elle avait éclaté depuis longtemps; que les pauvres dompteurs de l'univers étaient des enfants qui fumaient, d'un air important, des cigarettes prohibées entre des tonneaux de poudre.

Faut-il donc engager les derniers restes de la culture et du jugement européens — derniers restes de longtemps — dans cette misérable question: l'explosion visible aurait-elle pu être retardée encore un peu, si celui-ci ou celui-là avait fait autrement telle ou telle chose? On écrira alors des livres sur l'ultimatum autrichien, sur les armements de la Russie, sur la déclaration de guerre à la Serbie et sur les affligeantes dépêches des monarques; livres que le diable lira s'il veut.

S'il y a un coupable, c'est la conscience européenne. Coupables sont tous ceux qui tiraient avantage et subsistance de la guerre mondiale occulte, de la concurrence et de la jalousie, croyaient être justes, parce qu'ils réussissaient, et n'élevaient pas la voix parce qu'ils avaient peur d'eux-mêmes.

Quant au Kaiser, il est moins coupable que la plupart. Car sa conception dynastique, dégagée de tous problèmes, fortifiée par la foi religieuse, envisageait le régime existant comme une nécessité, après tout, et voulue de Dieu. Aucun de nous, aujourd'hui, ne connaît ses pensées. Il est conforme à sa nature de se remémorer l'ancien éclat militaire et sacré, de songer avec mélancolie à ses châteaux ravagés, à son autorité écroulée, au désordre barbare et d'espérer pour son peuple, pour tous les peuples, le retour de la paix bucolique.

Il abandonne donc la scène mondiale. De l'autre côté du canal, oubliée des hommes, soigneusement épargnée par l'esprit de l'histoire, vit (1) celle qui tint le jeu contre sa maison, la très

(1) La brochure de Rathenau a été écrite avant la mort de l'impératrice Eugénie (N. d. T.)

vieille impératrice Eugénie. Sa vie avait embrassé un formidable et double épisode, le deuxième Empire français et le deuxième Empire allemand, et finit par où elle avait commencé, par le triomphe des Français.

Elle aussi, on l'avait accusée d'avoir déchaîné la guerre. La guerre est expiée, un mythe est resté, les épaules fragiles qui brillaient aux lustres de St. Cloud sont déchargées.

Si Clio veut que ces deux symboles humains se rencontrent un jour, il leur suffira, pour se comprendre, d'une courte et banale conversation. En somme, tout provient d'un malentendu entre la maison de Brandenbourg et celle de Bonaparte. Le rideau tombe ; le grand drâme de la splendeur dynastique est terminé.

XV.

L'Amérique, fraîche, virile, tout d'une pièce, et qui ne connaît pas l'étranger, pense autrement.

Pour elle tout cet état dynastique et républicain de l'Europe est un désordre; elle y voit un asile de vieillards où les grand'pères se querellent. Elle avait paru s'en accommoder jusqu'au jour où se déchaîna le grand malheur; le monde entier est mis à feu et à sang par la faute de ces mauvais coucheurs; cela ne sert à rien de ménager les vieillards, il s'agit de rétablir l'ordre.

Aussitôt dit, aussitôt fait. Le nouveau congrès de Vienne siège à Paris. Les plaignants et les accusés ont changé de place. L'Angleterre, arbitre jusqu'alors, se trouve parmi les plaignants, Wilson a pris sa place.

Il faut enrayer le scandale des guerres. Comment? Les guerres sont des controverses, on les aplanit. Tribunaux d'arbitrage. Société des nations.

Quelle est la cause de la guerre? l'injustice. Il faut rétablir le droit. Paix par le droit. Libre disposition des peuples.

Il y a une menace? le bolchévisme. Autrefois cela s'appelait jacobinisme. Comment y remédier? par l'entente. Autrefois cela s'appelait Sainte-Alliance.

Dans cet asile européen de vieillards turbulents, ces simples moyens de coercition ne sont pas à dédaigner. Ils pourraient vraiment engendrer la tranquillité pour quelque temps, si un policier énergique et bon enfant veillait et cognait de temps à autre.

Les Américains sont forts, les Français sont fins, les Anglais sont prudents. Les braves Tchèques, les Polonais et les Serbes pourront assister aux délibérations. Nous, nous restons derrière la porte, car il faut faire un exemple. La justice mondiale l'exige. (Talleyrand la récusait. Il disait: «Que voulez-vous de moi? Est-ce moi qui ai fait la guerre?»)

D'un geste magnifique, qui s'étendra à des siècles (à supposer que la mentalité actuelle demeure), au nom de l'humanité, de la justice, de la civilisation et de la paix perpétuelle, nous sommes dégradés et condamnés. Le tribunal mondial siège dans la salle de la conférence. Les peintres d'histoire peuvent graver dans leur mémoire les traits amers des négociateurs allemands, lors de la signature.

Ce n'est plus tout-à-fait, il est vrai, le schéma américain pour le rétablissement de l'ordre; la prudence et la finesse européennes l'ont quelque peu altéré. Des annexions et des indemnités, des assujettissements et des oppressions y ont pris place sous d'autres noms. C'est la galerie des glaces de Versailles vue sous un angle renversé.

Bien. Ainsi le monde serait réorganisé et pacifié, l'injustice expiée, la nouvelle époque créée, la paix universelle et le bonheur des peuples assurés.

Non et encore non!

La justice n'est pas une baguette élastique qui se redresse, lorsqu' après que l'ancienne injustice l'avait courbée à gauche, une nouvelle injustice la recourbe à droite.

Le monde des peuples n'est pas une maison d'éducation sur le modèle latin où, en un acte final pathétique, on distribue des récompenses aux élèves appliqués et des corrections aux mauvais.

La vie de l'humanité n'est pas un objet de sentences judiciaires.

La guerre ne fut pas un scandale, un malheur que l'on écarte par voie administrative, mais une révolution mondiale, et cette révolution mondiale n'est pas terminée.

La guerre elle-même n'est pas terminée, et aucun traité de paix ne saurait la terminer, quand bien même les peuples ne luttent plus par les armes et les poisons; car la guerre, écartée de l'épiderme des pays, garde son siège dans leur ossature.

Ce qui est terminé, c'est l'époque. L'époque est révolue, où une poignée d'hommes haut-placés vêtus d'uniformes militaires et de redingotes élégantes, — au nom de leurs peuples et de l'humanité, disaient-ils, en réalité au nom de leur classe et de leurs intérêts, au nom d'une politique surannée d'équilibre des forces, au nom d'un ordre mondial mécanisé, au nom d'anciens Etats autoritaires, de puissance territoriale et maritime — parlent de droit, dispensent la terre et l'eau, la richesse et la pauvreté, la vie et la mort, sanctifient leurs actes par des sceaux d'Etat et les glorifient aux yeux de la postérité par un étalage de belles paroles. La postérité que visent de tels actes ne viendra pas.

XVI.

Cela n'empêche pas que nous autres Allemands, soyons en ce moment sans défense, impuissants, humiliés et déshonorés, politiquement ruinés.

En ce moment de ruine, nous prenons possession comme autrefois, — non en raison de notre volonté, mais forcés par notre nature même, — de ce qui nous était dévolu, de ce que nous avons négligé et ne posséderons peut-être que pour peu de temps: nous autres Allemands prenons encore une fois la responsabilité de la pensée mondiale.

Nous nous soustrayons aux rayons et aux ombres du jour; du geste impitoyable et insatiable que requiert cette opération, nous pénétrons dans notre coeur et obligeons ce Dieu changeant à des formes et à des prédictions sans cesse renouvelées.
On nous a dit que la guerre signifiait une révolution mondiale; cela ne nous suffit pas, car nous ne voyons pas encore assez clair dans notre développement, dans notre avenir; il nous faut donner aussi la parole au passé.
Presque mille ans se sont écoulés depuis la dernière migration qui avait précipité les peuples en sens contraire de la révolution axiale de la terre.
Qu'est-ce que la migration des peuples ? C'est l'action des masses agissant du point où la pression est la plus forte, sur l'endroit où cette pression est la plus faible.
Nous avons regardé vers l'orient et nous avons trouvé les peuples d'Asie

trop éloignés, isolés par des continents illimités, enfermés, inoffensifs. Nous ne sentions pas que la pression en Russie, dans les Balkans, dans des territoires voisins irrédimés, chez nous-mêmes, ne cessait de croître.

La guerre en elle-même ne fut pas une migration des peuples de l'orient à l'occident; mais la pression qui la précéda fut une pression migratoire. Mille ans plus tôt, le mouvement aurait éclaté, partant de Russie, entraînant l'Allemagne. D'une pression contraire préalable de tout l'occident arc-bouté, le mouvement a été enrayé; la Russie, l'Allemagne et l'Autriche sont broyées, les Balkans et la Turquie sont à terre. Encore une fois l'esprit de Jules César a franchi le Rhin, l'occident est sauvé.

Sauvé? la loi de migration est plus large: elle n'agit pas seulement dans le sens latéral, mais dans le sens vertical. Une souveraineté fatiguée succombe à l'attaque; s'il n'y a pas de rival libérateur pour se dresser à côté d'elle, il pourra surgir des profondeurs.

Les vieilles couches du monde européen, étrangères les unes aux autres, sont épuisées, résorbées, mais la stratification elle-même n'est pas terminée. Des peuples géants vivant dans des abîmes sont dominés par des peuples nains vivant sur les sommets; certes, les uns et les autres sont d'un sang non pas différent, mais essentiellement le même; or, la relation de dompteur à dompté est restée inchangée et héréditaire, confirmée par l'ordre mondial mécanisé.

Quiconque voyait une armée européenne ou une association ouvrière, ne pouvait s'empêcher de se demander: comment se fait-il que des milliers d'hommes obéissent à quelques-uns jusqu'à la mort, et les fils de ces milliers d'hommes aux fils de quelque-úns ?

Le secret résidait en l'isolement. Entre

les lames de cuivre du collecteur d'une machine électrique, sont intercalées de minces feuilles qui suffisent à empêcher le passage du courant d'un métal à l'autre. Chaque homme était enveloppé d'un papier de soie, sur lequel étaient imprimées de fortes et magiques paroles. On y pouvait lire: Subordination, discipline, loi martiale, haute trahison, loi pénale, dénonciation et bien d'autres choses provenant de l'église, de l'école, de l'administration, de la presse et de la vie sociale. A chaque année de guerre, à chaque espérance déçue, le mince isolateur s'est usé — ou bien, deux sucs particuliers, le sang et les larmes, l'auraient-ils pénétré de leur humidité dissolvante? — l'isolateur n'a plus d'action, les masses vivantes ont fusionné et, sur leur flot brûlant, nage la peau mince et châtoyante des couches supérieures. La migration des peuples de bas en haut a commencé. Elle a commencé en Russie, où les couches supérieures étaient les plus faibles, où les sortilèges de la sainte autorité s'aventurèrent toujours plus loin, jusqu'à ce que l'âme populaire, qui souffrait en silence, ne put plus les supporter. C'est ainsi qu'avait dû commencer en France le mouvement raisonnable et petit-bourgeois de 1789; il démontra que les couches inférieures venues au jour, contre toute attente et subitement, avaient appris à penser.

En cent ans, la Révolution française a fait le tour de la terre et s'est réalisée sans restriction. Aucun Etat, aucune constitution, aucune société, aucune dynastie ne fut épargnée par elle.

Sa formule oratoire était: liberté et égalité. Son désir inavoué était: émancipation de la petite bourgeoisie. Son plan inconscient, réel et pratique était: suppression de la prédominance féodale, pour la remplacer par la prédominance capitaliste-bourgeoise, sous la forme politique d'un régime ploutocratique constitutionnel.

La formule oratoire de la Révolution russe, c'est: l'Humanité. Son désir secret: Dictature (provisoire) du prolétariat et anarchisme idéalisé. Son plan pratique d'avenir: suppression de la stratification européenne, sous la forme politique de républiques socialisées.

Dans un siècle, le plan de l'orient sera réalisé aussi complètement que l'est aujourd'hui celui de l'occident. A l'horizon des temps, une dernière pensée attend son heure: la désorganisation des formes d'Etat et son remplacement par un système mobile de communautés culturelles autonomes, dominées par une idée transcendante. Mais cette pensée suppose une échelle différente d'intellectualité.

La révolution mondiale actuelle remplace la migration occidentale (devenue anachronique, irréalisable, vu le manque de forces horizontales, et nullement désirable) par le renouvellement provenant du bas-fond, le mouvement vertical. Son succès est continu, car les faibles couches supérieures ont besoin de rénovation et sont incapables de résistance.

Continu, mais pas rapide. Plus lent peut-être, malgré le tempo mécanique accéléré, que les migrations de l'antiquité.

Quelle amère désillusion pour tous ceux qui aspirent à la tranquillité et au rétablissement approximatif de l'ancien régime! Ils se détourneront avec amertume quand on leur dira: la migration vient à peine de commencer, à peine vos enfants en verront-ils le point culminant.

Et quel point culminant! En un certain sens, plutôt: quel abaissement!

Les couches sociales inférieures de l'Europe, qui n'ont pas encore d'histoire, assujetties depuis longtemps à la patience, au travail matériel, à une production surveillée, sont loin d'avoir acquis les qualités que possédaient autrefois les couches supérieures, et qu' elles n'ont pas complètement perdues. C'est une superstition simpliste de prétendre que quelques générations mieux instruites suffiront à amener ces qualités de caractère: discipline volontaire, abnégation, sens des responsabilités, noblesse de l'âme, liberté intime et idéalisme.

Une épreuve de renoncement se présente, dont la classe dirigeante matérialisée, menacée d'être dépouillée de ses droits, est actuellement encore moins capable: accepter ce dépouillement et partager avec ses frères ses biens intellectuels plus encore que les matériels, pour leur faciliter leur ascension hostile.

Des décades de luttes, entrecoupées

d'années d'armistice, d'années de victoire pour les masses et d'années de réaction. La lutte menée par des moyens contraires à la civilisation: grève, mutilation volontaire, sabotage, corruption venue de presses d'imprimerie (de monnaie) exploitées sans scrupule et par des moyens illimités. Générations qui grandissent sans frein et sans respect, amour du travail tari, privations amorties par la jouissance, soif de pouvoir, égoïsme que rien n'arrête et verbiage incessant. La culture déchoit, l'intelligence se terre dans des solitudes, les richesses de l'art et des talents sont gaspillées, des forêts et des trésors naturels sont détruits. Il fut un temps où Rome était un bourg avec douze mille habitants; une douce image, comparée aux enfers des grandes villes où se consomme la nouvelle débâcle de la civilisation. Après que durant des siècles notre planète a bâti, rassemblé, conservé, préservé, accumulé les trésors matériels et intellectuels, pour servir à la jouissance, à la culture, au perfectionnement de quelques-uns, voici venir le siècle des démolitions, de la destruction, de la dispersion, du retour à la barbarie. Malheur aux édifices, aux tableaux, aux livres et aux jardins. Le talent, la tradition industrielle, le savoir, l'éducation et la technique, les formes de la vie et des relations, l'amour du travail, l'ordre et la conduite parcourront les abîmes longtemps oubliés de la misère; et lorsqu'un jour, un monde s'éveillera à la suite d'un long engourdissement, il songera avec étonnement, avec une mélancolie romantique, à nos civilisations et rassemblera leurs restes dispersés. Ce monde nous sera supérieur en un seul point, mais en un point capital: il ne sera plus le monde et l'époque de quelques-uns, mais de tous. Que son bonheur soit fait de plus de richesse ou de pauvreté que le nôtre: il ne sera plus pressuré de douleur et de péché. Des ruines derrière nous et des ruines devant nous. «Nous sommes une race de transition, destinée au fumier, indigne de la moisson», écrivais-je au début de la guerre.

Pourtant: non seulement nous devons parcourir la route sur laquelle nous nous sommes engagés, mais nous v o u l o n s la parcourir. Non parce qu'elle conduit au bonheur terrestre qui attend nos petits-enfants, mais parce que la justice l'exige, la justice pour le passé et la justice dans l'avenir. Nous n'allons pas vers un paradis, mais vers une humanité plus large, vers une dignité nouvelle de la vie et de l'effort.

A la fin de l'étape, qui sera la fin de la barbarie et du renouvellement de tout, nous ne trouverons ni le règne du bolchévisme, ni la dictature du prolétariat; car personne ne régnera et il n'y aura de dictature de personne, mais des peuples s'administreront, apprendront de nouveaux travaux, porteront de nouvelles responsabilités et seront en butte à de nouveaux soucis. De nouveaux chefs les conduiront; ils chercheront à sauver les meilleurs éléments de la civilisation du passé, pour les transmettre à l'époque de la nouvelle énergie, qui sera l'énergie de la race humaine et non l'énergie de ses maîtres.

Comparées à ce qui est en train de s'enfanter, les négociations du grand congrès de Paris constituent le dernier couronnement du passé. A la dernière guerre de domination met fin la dernière paix de domination. Par la doctrine comme par les méthodes: un monument de l'ancienne politique horizontale.

Les doctrines reposent sur une politique d'Etats, sur la division des pouvoirs, sur le règne des classes cultivées et riches, sur des décisions militaires obtenues par des armées disciplinées, sur les représailles et la justice politiques, enveloppées de gloire nationale. Les méthodes ont pour base le déplacement des frontières, le régime économique, la politique coloniale, la convention monétaire, l'équilibre et l'hégémonie.

Seule la pensée américaine songe à l'avenir: une véritable société des nations serait un élément de reconstruction; mais il faudrait qu'elle fût basée sur une politique sociale et non sur une politique horizontale. Des tribunaux arbitraux ne serviront à résoudre que des questions de droit, non des questions vitales et humanitaires. Il serait logique que le congrès, marchant sur les traces de son prédécesseur de 1815, renonçât à la société des nations et mît à sa place, publiquement, une Sainte-Alliance destinée à lutter contre la socialisation universelle. Il ne peut pas l'oser, car il n'est pas composé de souverains envoyés de Dieu, qui administrent leur maison, mais d'hommes politiques qui représentent leurs peuples. Ces peuples supportent la domination d'une classe, mais n'y donnent pas leur assentiment. Il serait plus conforme aux exigences de l'avenir que ce congrès préparât la solidarité interne, l'évolution organique de la société terrestre. Il n'est pas improbable que ses chefs les plus éminents sentent cela: mais ils croient devoir donner aux Etats nationaux militarisés le dernier spectacle de la vieille politique représentative.

Ainsi donc, au milieu de l'éclat de l'apothéose historique, la Justice sous son incarnation poétique émergera des nuages; or, cette justice, par suite de ses coutumes millénaires, dépend de personnalités et non de forces naturelles. D'après les règles écrites de la culpabilité, de l'innocence et du mérite, elle dispensera les condamnations, les acquittements et les couronnes.

Ces jugements pourront avoir une valeur sentimentale pour les contemporains, ils ne lieront pas l'esprit de l'Histoire. C'est à lui que nous avions affaire, quant à la destinée du dernier souverain européen actif et réel.

C'est pourquoi il était bon d'agrandir et d'approfondir outre-mesure l'arrière-plan de son image.

Nous sommes des créatures de limites et de transition, même au point de vue historique. Dernière nous se trouvent les pages terminées et tournées. Nous ne faisons que sentir le souffle des puissances qui nous entraînent, au delà des destinées humaines, dans l'espace infini des lois éternelles.

Imp. des Editions du Rhin de Bâle.

www.ingramcontent.com/pod-product-compliance
Lightning Source LLC
LaVergne TN
LVHW020020170826
845678LV00001B/71

* 9 7 8 2 3 2 9 7 8 7 9 0 9 *